梵字字典

著・小峰智行

東京堂出版

はしがき

「梵字の字典のようなものを出版したい」、と東京堂出版の編集の方からご相談いただいたのは一年ほど前の平成二十九年一月末のことでした。梵字は元来表音文字なので、どのようなものにすればよいか少し思案しましたが、ふと「種子集《しゅじしゅう》」のようなものなら出来るかもしれないと思いご提案しました。

「種子集」とは仏を表すものとしての梵字「種子」を集めたもので、江戸時代に活躍した澄禅《ちょうぜん》の朴筆《ぼくひつ》による「種子集」などが有名です。また、近年でも私の恩師である児玉義隆先生や松本俊彰先生をはじめ、多くの先生方が著書の中に「種子」を集め、解説を加えています。そのような素晴らしい書籍が数多くある中で、浅学で非才な私には荷が重い話ではありましたが、「種子集」としての部分に特化したものならばお許しもいただけるかもしれないと思い、取り組むことにいたしました。

板碑《いたび》に刻まれたものや塔婆《とうば》に書かれたもの、祈禱《きとう》のお札など、梵字を目にする機会はあります。また最近はそれらに加え、衣類やアクセサリー、ステッカーなど様々なものに、デザインとして梵字が用いられています。そのほとんどは種子をデザインとして用いたものです。種子は密教の教義上大変重要なものですが、一般社会ではその神秘的な形や美しさといった表面的な部分が主な興味の対象になっているようにも思います。

本書では、まず第一部で梵字の歴史や文字としての性質などの基礎的な知識から、密教における梵字の重要性などについて触れます。初心の方々にもわかりやすいよう、なるべく平易な表現を心がけました。

第二部では、様々な仏・菩薩などの種子を集め、簡単な解説をつけました。文字の並び順は、一般的なサンスクリット語の辞書に見られる順番になっていますが、尊名索引をつけ尊名からも検索できるようにしました。文字は恩師児玉義隆先生より授かった、坂井栄信和尚相承の智満《ちまん》流活字体を基本に筆者が書写し、他の書体も三種示しました。書写技術は未熟ですが、初心の方々が見て楽しめるもの、そして梵字を学んでいる方々が種子曼荼羅などを書く際の参考になるものを目指しました。

第一部・第二部を通して梵字の基礎的な知識から密教の深淵な世界の一端に触れていただき、その魅力を感じていただければ幸いです。

梵字字典［目　次］

第一部　梵字の基礎知識

一、梵字悉曇《しったん》の歴史

1　密教と真言

弘法大師空海は著作、『般若心経秘鍵《はんにゃしんぎょうひけん》』で次のように説いています。

「真言《しんごん》は不思議なり　観誦《かんじゅ》すれば無明《むみょう》を除く　一字に千理《せんり》を含み　即身《そくしん》に法如《ほうにょ》を証す」

↓真言は不思議なものである。観想《かんそう》し読誦《どくじゅ》すれば無明《むみょう》（根源的な無知で迷いの原因となる煩悩の根本）を除く。真言の一字一字には数えきれないほど多くの真理が含まれ、それによってこの身のまま、悟りの境地に至ることができる。

この一節からもわかるように、密教では真言とそれを書く文字を大変重要視します。真言とは、インドにおいて仏教が興る以前から用いられていた神々を讃える聖句「マントラ」を漢訳した言葉で、「真実の言葉」といった意味です。原語の「マントラ」は、サンスクリット語で「思念《しねん》する」を意味する「マン（man）」と「器《うつわ》」を意味する「トラ（tra）」が結合した語で、「思念の器」などと解釈されていますが、これを繰り返し唱えることで神秘的な働きが生じ、大きな力が発揮されると考えられていました。このマントラが「真言」として仏教にとり入れられ、密教においては現世利益《げんぜりやく》や成仏《じょうぶつ》を求める手段として重視されるようになったのです。

空海の言葉に「一字に千理を含み」とあるように、密教では真言一句一句の音、それを書く一文字一文字に聖なる力、仏の悟りの真理が無限に含まれていると考えます。これらは言わば「一字の真言」であり、「種子《しゅじ》」といって、仏・菩薩・明王・天部に至るまでの諸尊をそれぞれ一字で表したり、密教の修法の中で本尊を想起するために象徴として用いたりします。

この真言や種子を書く文字は、一般的に「梵字」と呼ばれている文字で、仏教では「悉《しっ》曇《たん》」とも呼ばれています。また、単純に「悉曇」といった場合、「悉曇文字」を指す場合と悉曇に関わる学問「悉曇学」を指す場合があります。したがって、本書では「梵字」と「悉曇文字」を同じ意味で用います。

【ポイント】●真言とそれを書く文字は密教の教義上大変重要である。
●真言の文字は日本では一般的に「梵字」、仏教では「悉曇」と呼ばれている。
●梵字は仏そのものとして取り扱われる（種子）。

2　梵字悉曇の起源

真言は、前述のように古くからインドでマントラとして唱えられていたもので、古いインドの言葉、サンスクリット語が用いられています。サンスクリット語は歴史的に様々な文字で書き記されてきましたが、その中にブラーフミー文字というものがあります。ブラーフミー（brāhmī）という名称は「梵天（brahman）」に由来するとされていることから、これも広い意味で梵字と呼ぶことができる文字です。ただし、現在われわれが一般的に梵字と呼んでいる文字とは必ずしも一致しません。言葉や文字は長い歴史の中で少しずつ変化していくものですが、ブラーフミー文字にもまた時代や地域によって変化が見られるのです。

また、古代インドで使用されていた言語はサンスクリット語だけではなく、それらの表記に用いていた文字も一つではありません。つまり、ブラーフミー文字で書かれた言語はサンスクリット語だけではなく、サンスクリット語を記述した文字は必ずしもブラーフミー文字だけではないということもつけ加えておきます。

とは言え、インドにおける文字の変遷の中で、ブラーフミー文字は大変重要な文字です。この文字で書かれた遺物で大変有名なものに「アショーカ王の法勅《ほうちょく》」があります。アショーカ王は紀元前三世紀頃の人物で、当時のインドで栄えたマウリヤ王朝という王朝の第三代の王です。マウリヤ王朝はこのアショーカ王の時代に最盛期を迎え、インド亜大陸のほぼ全域を支配しました。アショーカ王は仏教を庇護《ひご》した王としても知られており、自らが仏法を重んじていることなどを領内の広い地域の摩崖《まがい》などに刻み、また刻んだ石柱を建てました。これらが「アショーカ王の法勅」あるいは「アショーカ王碑文」などと呼ばれているものです。それは広い地域へのブラーフミー文字の伝播《でんぱ》と、その地域でこの文字が使用されていたことを示すものといえましょう。

マウリヤ王朝は紀元前二世紀初頭に滅亡しますが、ブラーフミー文字はその後も長く広い地域で使われていたようです。そしてブラーフミー文字は、その後の文字の発展に大きな影響を与えることになっていくのです。

四世紀になるとグプタ王朝が興り、主にインド北部を支配しました。この頃からブラーフミー文字はグプタ王朝が支配した北方系とそれ以外の南方系とに分かれ、少しずつ変化が見られるようになります。北方で用いられた文字はグプタ文字と呼ばれる文字ですが、まだブラーフミー文字の原型を残すもので、変化としてはゆるやかなものであったと考えられています。このグプタ王朝の時代には、宗教・科学・文学など多くの学問分野が発展し、それらに関する文献が大量に編纂されました。これによって、グプタ文字は後に様々なインド系文字を生む基礎となります。

グプタ文字から派生した文字には、現在インドで用いられているデーヴァナーガリー文字やオリヤー文字、ベンガル文字などの基となった文字もあります。それら派生形の中に、シッダマートリカーと呼ばれる文字があり、この文字が現在われわれが一般的に「梵字」と呼んでいる文字の基となるのです。シッダマートリカーという名称は、サンスクリット語の「siddha（成就された）」「mātṛkā（文字・字母）」から「成就された文字（字母）」を意味します。

【ポイント】● 真言は元々インド古代の言語、サンスクリット語。
● インドでサンスクリット語を書写した文字の一つ、ブラーフミー文字はシッダマートリカー文字へと変遷した。

3　中国への伝来と展開

シッダマートリカー文字は六世紀頃から九世紀頃までの間、北インドで用いられていた文字の一つとされています。ちょうどこの頃、当時の中国、唐では密教経典が盛んに漢訳されていました。真言密教において「両部の大経」と呼ばれ、最も重要な根本経典に位置づけられている『大日経（大毘盧遮那《だいびるしゃな》成仏神変加持経《じょうぶつじんべんかじきょう》）』と『金剛頂経』も唐の時代に漢訳された経典です。『大日経』は善無畏（六三七～七三五）、『金剛頂経』は『金剛頂瑜伽《こんごうちょうゆが》中略出念誦経《ちゅうりゃくしゅつねんじゅきょう》』が金剛智（六七〇～七四一）、『金剛頂一切如来真実摂大乗現証大《こんごうちょういっさいにょらいしんじつしょうだいじょうげんしょうだい》教王経《きょうおうきょう》』が不空（七〇五～七七四）による訳出です。言い換えれば、唐代に多くの密教経典が中国にもたらされ、その原典の多くがシッダマートリカー文字で書かれていたともいえるでしょう。

インドから中国にもたらされた仏典を漢訳する際、いくつかの理由からあえて翻訳せず、原語の音を漢字で表記する場合があります。これを音写《おんしゃ》といいます。翻訳すると本来の意味を損なうもの、中国にはいない動物やないもの、真言などの秘密の言語がこれにあたります。たとえば、「般若（原語：prajña）」「仏陀（原語：buddha）」、般若心経の最後の部分「羯諦《ぎゃてい》　羯諦《ぎゃてい》　波羅《はら》羯諦《ぎゃてい》　波羅《はら》僧《そう》羯諦《ぎゃてい》　菩提薩婆訶《ぼじそわか》（原語：gate gate pāragate pārasaṃgate bodhisvāhā）」などです。原語をアルファベットで書きましたが、これも元の文字とは異なりますので音写です。そしてシッダマートリカー文字は「悉曇《しったん》」と漢字音写されました。

「悉曇」と音写された理由については二つの説があります。一つは、インドにおけるこの文字の名称「シッダマートリカー（siddha-mātṛkā）」の「シッダ（siddha）」が名詞化した「シッダン（siddhaṃ）」に由来するという説。もう一つは、この文字を学習する初学者に授ける字母表や綴字法《ていじほう》を示したテキストの冒頭に、学問の成就を願って「siddhirastu（成就吉祥あれ）」と梵字で記す習慣がインドにあったことに由来するという説です。

七〜八世紀のものとされ、現存する世界最古のサンスクリット写本といわれる「梵本心経《ぼんぼんしんぎょう》　并《ならびに》　尊勝《そんしょう》陀羅尼《だらに》」が東京国立博物館に所蔵されていますが、この写本には最後の部分に悉曇文字で「siddhaṃ」と記され、続けて悉曇文字の字母五十一文字が書かれています。いずれにしてもこの悉曇という名称が定着し、やがて日本へもたらされることになります。

前述したように、密教の教義の根底には真言があり、その音もそれを書く文字も重要視します。したがって、密教経典には多くの真言が含まれており、その部分は漢訳されず漢字で音写されるか、悉曇文字そのものが残されました。

唐において密教が盛んになると、当然、悉曇文字について学ぶことも必要とされ、修学のためのテキストなども書かれるようになります。智広《ちこう》が撰述した『悉曇字記《しったんじき》』はその代表といえるもので、日本の悉曇学にも大きな影響を及ぼしました。このように、唐における梵字悉曇に関する学問は、密教の流行とともに発達していきました。しかし、第十五代皇帝の武宗《ぶそう》（八一四〜八四六）が会昌《かいしょう》五年（八四五）に行った、「会昌《かいしょう》の廃仏」と呼ばれる大規模な仏教弾圧によって密教が大きな打撃を受け壊滅すると、梵字悉曇も衰退していくことになるのです。

【ポイント】
- 中国にもたらされた密教経典の多くが「シッダマートリカー文字」で書かれていた。
- 「シッダマートリカー」文字は当時の中国、唐で「悉曇」と呼ばれた。
- 密教では真言やそれを書く文字を大事にするので、漢訳の際に真言などは訳されず、漢字音されるか悉曇文字そのものが残された。
- 唐では密教が流行し、悉曇に関する研究も進められ、テキストも作られた。

4　日本への伝来と受容

日本への仏教の公伝は六世紀半ば頃とされていますが、その頃の日本の仏教がどのようなものであったのかについては不明な点が多く、梵字悉曇に関しても記録がありません。梵字悉曇の伝来については前述の東京国立博物館所蔵「梵本心経《ぼんぽんしんぎょう》并《ならびに》尊勝《そんしょう》陀羅尼《だらに》」が古い資料として知られています。この資料は貝葉《ばいよう》に書かれているため、「法隆寺貝葉」などと通称されています。

貝葉とは、椰子《やし》などの植物の葉を加工した筆記媒体で、紙がない時代にインドをはじめ東南アジアなどで用いられたものです。「法隆寺貝葉」は推古天皇十五年（六〇七）に遣隋使として当時の中国、隋に渡った小野妹子《おののいもこ》が持ち帰ったものとも伝えられますが、八世紀頃のものとする説もあります。

少なくとも奈良時代には梵字悉曇が伝えられていたことを示す記録があります。それはのちに平安時代前期の天台僧、安然《あんねん》（八四一頃～没年不明）が著した『悉曇蔵《しったんぞう》』に見られるもので、「仏哲が請来した悉曇章がある」と伝える記述です。仏哲は、天平勝宝四年（七五二）に東大寺で行われた「大仏開眼供養会」の導師をつとめたインドの僧、菩提僊《ぼだいせん》那《な》と共に来日した林邑国《りんゆうこく》（現在のベトナム中部にあった王国）出身の僧です。

また、悉曇章とは、悉曇の綴字法《ていじほう》とその例を十数章にわたって示した書物で、悉曇の学習と伝授に不可欠なものです。この仏哲が請来したとされる悉曇章は残念ながら現存していません。また仏哲は、菩提僊那と共に奈良大安寺で梵語の講義を行ったとも伝えられており、信憑性の高い記録といえるのではないでしょうか。「梵本心経《ぼんぽんしんぎょう》 并《ならびに》 尊勝《そんしょう》 陀羅尼《だらに》」と仏哲の悉曇章、これらから梵字悉曇は奈良時代には伝来し、受容されていたことがわかります。

しかし、本格的に梵字悉曇が研究され、学問として確立するのはもう少し後のことのようです。

【ポイント】●日本には遅くとも奈良時代には悉曇が伝えられた。
●奈良時代にはまだ学問として確立していなかった。

5　悉曇学の確立

平安期になると入唐八家《にっとうはっけ》と呼ばれる僧侶たちが次々に唐に渡り、当時唐で流行していた密教を学ぶと共に、数多くの密教経典を持ち帰ります。入唐八家とは、最澄《さいちょう》・空海《くうかい》・常暁《じょうぎょう》・円行《えんぎょう》・円仁《えんにん》・慧運《えうん》・円珍《えんちん》・宗叡《しゅうえい》の八人です。特に最澄（七六七～八二二）と空海（七七四～八三五）は帰朝後、それぞれ天台宗と真言宗を開宗したことでよく知られています。両宗は教義に密教をとり入れたため、天台宗は台密《たいみつ》、真言宗は東密《とうみつ》と呼ばれます。また、両宗開宗ののちに唐に渡った六人は、天台・真言いずれかの宗派の僧侶です。

入唐八家のうち、特に空海がその後の日本における悉曇研究に残した功績は大きいといえます。台密を開いた最澄の果たした役割ももちろん大きいといえます。空海の特筆すべき功績は、密教経典と多くの梵字悉曇資料に加え、梵字悉曇を学ぶための書物を持ち帰ったことです。

空海が唐から請来した経典や仏具、絵画などの目録、『新請来《しょうらい》経等目録（御請来目録）』には悉曇の学習と伝授に不可欠な『梵字悉曇章《ぼんじしったんじょう》』、そしてあの『悉曇字記《しったんじき》』の名も見られます。前述した唐の智広《ちこう》が撰述した梵字悉曇の修学のためのテキストです。空海は梵字悉曇で書かれた経典などを持ち帰っただけではなく、密教の開宗と伝承のためには梵字悉曇そのものの理解が必須であることを意識していたのです。

空海は延暦二十三年（八〇四）に入唐し、長安に入るとすぐに北インド出身の訳経僧、般若三蔵の門を叩き、密教よりも先に梵語と梵字悉曇を学んだという事実も見のがせません。さらに空海は帰朝後、梵字悉曇に関する書を自ら著しています。『梵字悉曇字母《ぼんじしったんじも》并《ならびに》釈義《しゃくぎ》』と『大悉曇章《だいしったんじょう》』です。これらは日本人の手による初めての梵字悉曇に関する文献ということになります。

のちに入唐した六人の僧達も、密教経典や悉曇文献など多くの資料を請来しています。その中で特筆すべきは天台僧の円仁（七九四～八六四）です。円仁は二度の渡航失敗ののち、承和五年（八三八）に入唐、承和十四年（八四七）に帰朝するまでの約九年半の間、唐に滞在しました。円仁はこの求法の旅を日記に記したことでもよく知られています。日本人による最初の旅行記でもある円仁の『入唐《にっとう》求法《ぐほう》巡礼《じゅんれい》行記《こうき》』は、当時の中国の状況を綴り、また不運にも遭遇してしまった武宗による仏教弾圧、「会昌《かいしょう》の廃仏」に関する記述も含まれるなど、貴重な史料として高く評価されています。

円仁は唐滞在の間に悉曇も学び、『悉曇章』の他、義浄撰述の『梵唐千字文《ぼんごせんじもん》』など重要な悉曇文献を請来しました。また円仁は天台宗における悉曇研究の先駆者であり、後に安《あん》然《ねん》や明覚《めいかく》などの悉曇学者が生まれる礎を築いた人物といえます。

【ポイント】
- **平安時代に八人の僧が唐に渡り、密教と悉曇関連文献を日本に持ち帰った。**
- **空海は悉曇のテキストを日本に最初にもたらし、自ら悉曇関連文献を著した。**

● 唐に渡った八人の僧によって日本における悉曇学の礎が築かれた。

6　日本における梵字悉曇の展開

日本における悉曇学は入唐八家らによって確立されました。しかし、遣唐使船の廃止などによって中国から新たな資料が入ってこなくなると、これまでにもたらされた資料を用いた研究が中心となっていきます。入唐八家後の僧で、その後の悉曇学に大きな影響を及ぼしたのは、天台宗の僧・安然《あんねん》（八四一頃〜没年不明）です。

安然は入唐八家が請来した経典類・仏具・絵画などの資料を精査し、『八家秘録《はっけひろく》（諸阿《しょあ》闍梨真言密教部類総録《じゃりしんごんみっきょうぶるいそうろく》）』を著します。その中で安然は「諸悉曇部」という項目を設け、悉曇関連文献を整理しています。

また、安然は悉曇関連の著作を多く残しています。その中でも特に重要なのは『悉曇《しったん》蔵《ぞう》』八巻です。『悉曇蔵』は智広《ちこう》の『悉曇字記《しったんじき》』を根本資料とし、悉曇文字の綴字法《ていじほう》について、『悉曇字記』の立てる十八章説こそが正統であることを主張し、また悉曇文字の字形・音韻・字義についても細かく検証し解釈しています。『悉曇蔵』は、入唐八家が請来した様々な資料から悉曇学を総括したものであり、この時代の悉曇研究の大きな成果といえます。

この安然の隔世《かくせい》の弟子と呼ばれる人物がいます。加賀温泉寺の明覚《めいかく》（一〇五六〜没年不明）です。明覚は安然を慕って悉曇学の修学に励み、多くの書物を残しています。特に最後の著作とされる『悉曇要訣《しったんようけつ》』は明覚の悉曇学の集大成ともいえるものです。明覚の悉曇学の特徴は特に音韻《おんいん》に関する研究に優れていることです。反切《はんせつ》と呼ばれる漢字の音を表す方法を梵字に転用し、その読み方を示すなどしました。現在私たちがあたりまえのように用いている仮名の五十音図は、明覚の悉曇学における音韻研究の過程で生まれたとされています。

平安期の悉曇学における碩学は、他にも真寂法親王《しんじゃくほっしんのう》（八八六～九二七）・淳祐《しゅんゆう》（八九〇～九五三）・仁海《にんがい》（九五一～一〇四六）・心覚《しんがく》（一一一七～一一八〇）などが挙げられます。この時代の悉曇研究は多くの僧によって盛んに進められ、多くの成果を残すこととなりました。

鎌倉時代から室町時代には、天台宗の信範《しんぱん》（一二一三～一二九六頃）や東寺の杲宝《ごうほう》（一三〇六～一三六二）・賢宝《げんぼう》（一三三三～一三九八）、高野山の長覚《ちょうかく》（一三四〇～一四一六）・宥快《ゆうかい》（一三四五～一五一九）などが出て、この時代の悉曇学に一定の成果を残しますが、さしたる新しい分野は開拓されず、徐々に低迷し衰えていきます。

【ポイント】
- 天台僧の安然は『悉曇字記』の十八章説を強調した『悉曇蔵』を著し、これまでの悉曇資料を総括すると共に、悉曇学の基礎を整えた。
- 明覚は特に悉曇の音韻研究に優れ、研究の過程で仮名五十音図の基をつくった。
- 室町時代以降、悉曇学は徐々に衰退していった。

7　梵字悉曇の復興と伝承

鎌倉から室町時代にかけ、かげりが見られた梵字悉曇学でしたが、江戸時代になると多くの学匠が現れ、悉曇研究は再び活発に行われることになります。その中でも特に大きな功績を残したのは、澄禅《ちょうぜん》（一六一三〜一六八〇）・浄厳《じょうごん》（一六三九〜一七〇二）・慈雲《じうん》（一七一八〜一八〇五）の三人です。

澄禅は肥後（熊本県）出身の僧で、上洛の後、京都・智積院《ちしゃくいん》にて運敞《うんしょう》（一六一四〜一六九三）に師事します。澄禅は悉曇学に通じ、『悉曇愚鈔《しったんぐしょう》』をはじめとする多くの書物を著しました。また書家としても優れており、美麗な毛筆による書風で知られています。また先が扁平な筆記具、朴筆《ぼくひつ》（60頁参照）による書体を確立し、『種子集』を刊行するなど普及に努めたことは特筆すべきことです。毛筆・朴筆を問わず極めて多くの梵書を残しており、京都東寺や智積院に収められている朴筆による両界種子曼荼羅は著名です。

浄厳は河内国の出身。高野山で出家して修学し、密教における教義に関わる理論面「教相」に通じる一方、行法《ぎょうぼう》などに関わる実践面「事相」の一派、新安祥寺《あんしょうじ》流を大成しました。悉曇学に精通し、この時代の代表的な研究書『悉曇三密鈔《しったんさんみつしょう》』をはじめ多くの悉曇関連典籍を著し、悉曇学の復興に貢献した人物です。

慈雲は江戸時代後期の人で大坂中之島に生まれました。十三歳で出家して密教と梵語を学んだとされています。慈雲の悉曇研究は従来の悉曇学の範囲にとどまらず、梵語梵文

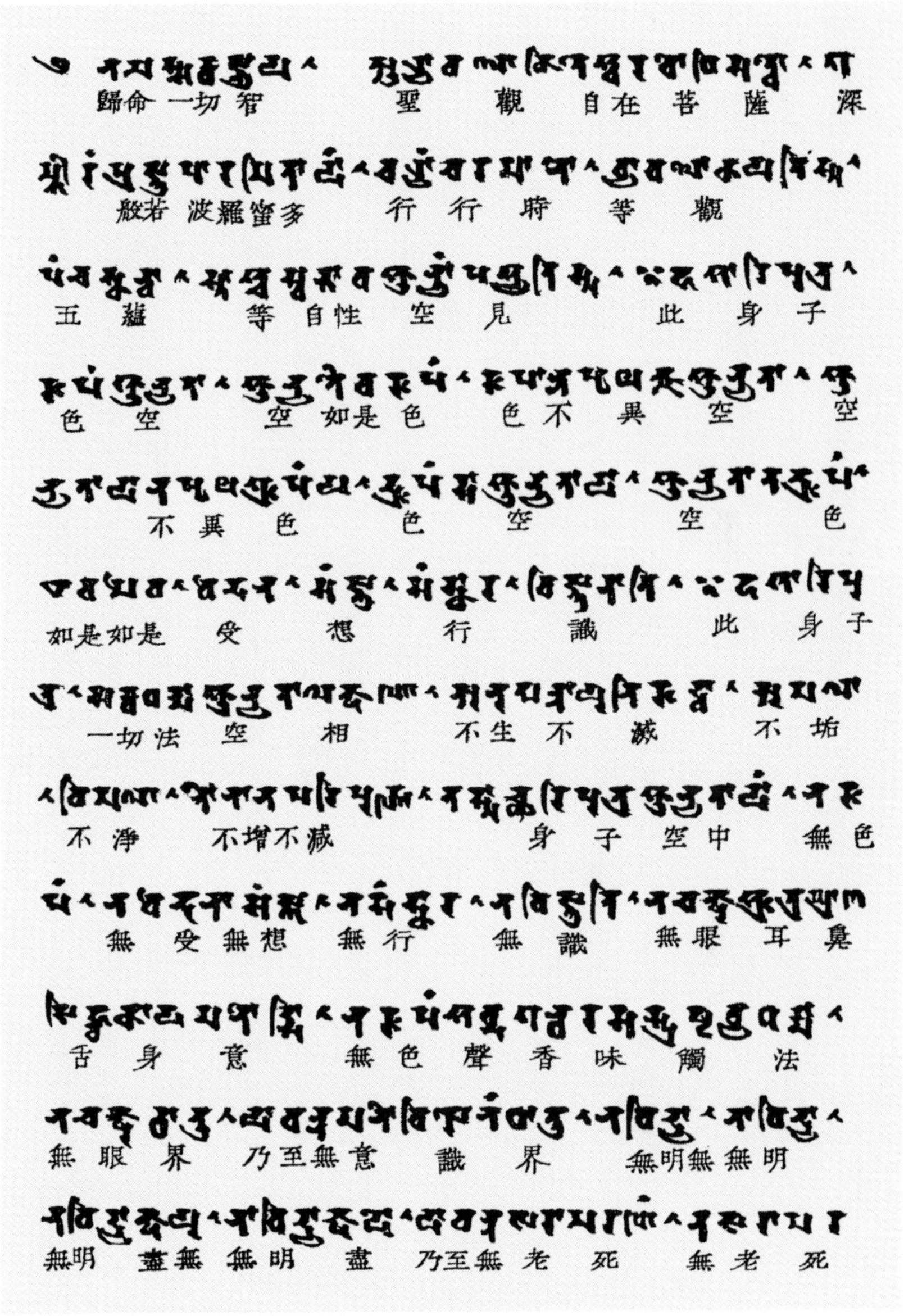
歸命一切智　聖　觀　自在菩薩　深
般若波羅蜜多　行　行　時　等　觀
五　蘊　等自性　空　見　此　身　子
色　空　空　如是色　色不　異　空　空
不　異　色　色　空　空　色
如是如是　受　想　行　識　此　身　子
一切法　空　相　不生不　滅　不　垢
不　淨　不増不減　身　子　空中　無色
無　受無想　無行　無　識　無眼　耳鼻
舌　身　意　無色　聲　香　味　觸　法
無　眼　界　乃至無意　識　界　無明無無明
無明　盡無　無明　盡　乃至無老　死　無老　死

慈雲書　般若心経

原典の内容の読解など文法的な部分にまで及び、のちに一千巻にも及ぶ大著『梵学津梁《ぼんがくしんりょう》』を完成させることとなります。まさに近世悉曇学の巨人であり、今日の悉曇学は慈雲の成果によるところが大きいといえます。慈雲はまた能筆で知られ、自筆の梵書も数多く残しました。貝葉体《ばいようたい》に忠実なその書風は一書流の形成に至り、今日まで脈々と伝承されています。

このように、澄禅・浄厳・慈雲らの悉曇研究によって梵字悉曇学は江戸期に復興を果たすこととなります。また三師は学問的研究のみならず、当時乱れていたと思われる悉曇文字の書写書体についても、貝葉などの古い資料を見直すことによって改めるとともにそれぞれの書風を確立し、現在伝承されている書体の範を残しています。そのような意味においても、三師は極めて重要な存在なのです。

梵字悉曇は古代インドのブラーフミー文字に端を発し、シッダマートリカー文字へと変遷を遂げました。のちに密教経典として中国に渡り、唐での密教の流行と共に研究が進められました。そして唐に渡った日本の僧達によって密教と共に日本にもたらされたのです。

その後インドにおいてはグプタ文字の一系統であるデーバナーガリー文字が用いられるようになり、シッダマートリカー文字は使われなくなります。また中国では密教と共に衰退し、失われてしまいます。日本から多くの僧が修学のために中国に渡った時期と、中国において密教が流行した短い期間が重なり、密教と梵字悉曇は日本に伝わりました。そして梵字悉曇は、今日までの長い間密教が信仰され続けてきた日本でのみ、伝承されてきたのです。

【ポイント】●悉曇学は江戸期に澄禅・浄厳・慈雲らによって復興された。
●悉曇の書写書体についても見直され、現在にも伝承されている。

二、字《じ》母《も》表《ひょう》と梵字の特徴

*梵字悉曇字母表は35頁に掲載。

字母とはすべての梵字の基本となる文字のことです。これを一定の順に並べたものを字母表といいます。梵字はインドの言語を表記するために用いられた、言語の音を表す表音文字の一種です。字母表は表音文字である梵字の音韻や様々な規則を知るうえで大変重要なものです。また、梵字には他の文字とは異なるいくつかの特徴がありますが、字母表によってその特徴を理解することができます。ここでは字母表と梵字の特徴について述べたいと思います。

1　字母表における字母の構成

字母の数についてはいくつかの説がありますが、現在は五十一文字のものが主流となっています。また字母表にも様々なものがありますが、本書では最も完成された字母表と評される、坂井栄信師（一九〇四～一九七九）作成の字母表を基に、若干の手を加えたものを用いています。字母五十一文字の構成は次の通りです。

字母五十一字
- 摩多《また》
  - 通摩多《つうのまた》　十二字
  - 別摩多《べつのまた》　四字
- 体文《たいもん》
  - 五類声《ごるいしょう》　二十五字
  - 遍口声《へんくしょう》　八字
- 重字《じゅうじ》
  - 同体重字《どうたいじゅうじ》　一字
  - 異体重字《いたいじゅうじ》　一字

(1) 摩多《また》（十二文字）

摩多とはいわゆる母音のことです。ただ梵字の字母表を見ると、日本語の仮名では母音は「ア・イ・ウ・エ・オ」の五文字なのに対し、梵字は十二文字あります。それは、仮名では、例えば「アー」という長母音を「ア」という母音字と「ー」という長音符で表記しますが、梵字では一文字で書くことができるからです（35頁の字母表の2番）。他にも「イー」や「ウー」も一文字で書かれます（字母表の4番と6番）。字母表8番の「アイ（ai）」、10番の「アウ（au）」という二重母音も一文字で表記します。

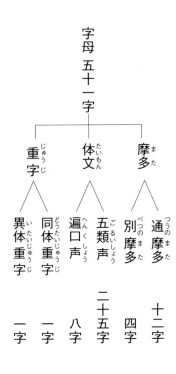

また、字母表の11番と12番の文字は厳密には母音字ではありません。この二つはサンスクリット語の音韻上あらわれる、「アヌスヴァーラ（anusvāra）」「ヴィサルガ（visarga）」と呼ばれている音を示す記号です。悉曇学では「アヌスヴァーラ」を「随音《ずいおん》」、「ヴィサルガ」を「止音《しおん》」と呼んでいます。随音は音節末の鼻音です。止音は声を止めたとき、つまり音節末に声門を閉じることによってわずかに生じる音といわれています。これを摩擦音とする説もあり、実際のところ現在日本で発音されている音は摩擦音に近いと考えられますが、本書ではこれを止音と呼ぶことにします。悉曇学ではこれらの音を示す記号をそれぞれ「空点《くうてん》」「涅槃点《ねはんてん》」などと呼び、伝統的な梵字の字母表では、仮に「ア（a）」の音を示す梵字にそれらの記号を付して字母表に加えています。文字の上に付いている点が空点、右側に付いているコロンのような二つの点が涅槃点です。

（2）別摩多《べつのまた》（四文字）

摩多十二字は、次の「別摩多《べつのまた》」と区別して「通摩多《つうのまた》」ともいいます。

特殊母音として字母表に入れられている四文字です。「リ（ṛ）」は他の字に付いた母音符号としてよく用いられ、サンスクリット辞書にも少ないもののこの文字ではじまる単語が見られます。他の三文字については実際にはほとんど用いられていないようです。

（3）体文《たいもん》（三十三文字）

子音字です。三十三文字の体文は、規則的に並べられています。最初の二十五文字は五《ご》類声《るいしょう》といって、五つの発音種別ごとに五文字ずつ分けられています。五類声の第一句から五句までの発音種別は次のようなものです。

第一句：喉音《こうおん》。軟口蓋音《なんこうがいおん》といわれているもので、舌の後部を口腔の上部（口蓋）の奥にある柔らかい部分（軟口蓋）に接触させて発音する音です。

第二句：顎音《がくおん》。硬口蓋音《こうこうがいおん》といって、舌の前面あるいは中面を口蓋前部の硬い部分、硬口蓋に接触させて発音する音です。

第三句：舌音《ぜつおん》。舌の先を歯茎の後部から硬口蓋前部にかけての部分に接触させて発音する音です。「反舌音《そりじたおん》」ともいいます。

第四句：歯音《しおん》。上の前歯の裏に舌先を接触させることによって発音される音です。

第五句：唇音《しんおん》。口を閉じ、開く時に上下の唇によって発音される音です。

この第一句から五句までの発音種別は、発音に使う部分が口腔の一番奥の喉（軟口蓋）から唇まで、だんだん外へ移っていることがわかります。そして、それぞれの発音種別に五文字ずつ、（1）清音で無気音　（2）清音で有気音　（3）濁音で無気音　（4）濁音で有気音　（5）鼻音、という順に並べられています。

二十五文字の五類声以外の残りの八文字は「遍口声《へんくしょう》」といいます。最初の四字は半母音といい、母音に近い子音です。次の三字は悉曇学では隔舌音《かくぜつおん》と呼ばれています。これらは発音する部分と舌を接触させず、接近させてできた隙間で発声する「摩擦音」のことですが、（1）顎音の摩擦音（2）舌音の摩擦音（3）歯音の摩擦音、という順に並べられています。体文の最後は無声声門摩擦音《むせいせいもんまさつおん》で「ha」とローマ字表記されますが、伝統的に「カ」と読んでいます。

（4）重字《じゅうじ》（二文字）

重字の二文字は遍口声であるとされます。梵字には体文（子音字）同士が結合するという特徴があり、重字はその一例を字母表に示したものといわれています。それぞれ同じ文字同士を結合させた「同体重字」と、異なる二文字を結合させた「異体重字」の二文字です。

2　字母表の概説

字母表（35頁）の各項目について概説します。

（1）番号

字母表や梵字の規則などを解説する際に便が良いよう、各文字に番号を付けています。

（2）悉曇文字

本書に掲載する字母表の悉曇文字は、筆者の師である児玉義隆先生からご教授賜った坂井栄信和尚相承智満流活字体を基本とし、筆者が作成したものです。

（3）異体字

資料によって文字の形が異なる場合があります。現在相承されているものと異なる字体・字形の文字を異体字として挙げています。なお伝承によって、異体字として挙げられている文字の中で正字とされるものもあります。

（4）摩多点画（摩多）

摩多にのみ設けられた項目です。母音符号のことで、これを体文に付すことで「a（ア）」以外の母音を表します。字母表の摩多点画の欄、「□」は梵字のどの部分に摩多点画が付くかを示しています。

1番の文字「ア（a）」の摩多点画の欄に、「□」の左上に打たれた点があり、「（命点）」と書いてあると思います。これについては後述しますが、梵字の起筆点を示すもので、書いた梵字に後から改めて付すものではありません。

（5）切継半体《きりつぎはんたい》（体文）

体文にのみ設けられた項目です。梵字の特徴の一つに子音字（体文）同士が結合するというものがあります。切継半体は結合する際の形と、結合する位置を示したもので、上になる場合が上部、何らかの文字の下に繋がる場合が下部の形となります。

（6）漢字音訳

梵字によって示された音を、漢字の音に写すことを漢字音訳、あるいは漢字音写などといいます。各文字とも様々な漢字の音に写された例がありますが、坂井栄信師作成のものは空海の著作とされる『梵字悉曇字母《ぼんじしったんじも》　并《ならびに》　釈義《しゃくぎ》』のものです。同書には50番の「ラン（llaṃ）」の記載がないため、この文字の漢字音訳は智広《ちこう》の『悉曇字記』に説かれるものとしています。

（7）ローマ字表記

梵字は子音字に必ず母音が含まれますが、ローマ字は子音字と母音字を別々に表記します。そのため、より細かい音の要素に分解することができ、梵字を理論的に説明するのに大変便利です。梵字をローマ字表記する方法はいくつかありますが、本書では字母表も含め、サンスクリットの標準的な翻字《ほんじ》（文字の書き換え）方式であるIAST（International Alphabet of Sanskrit Transliteration）を用いています。

（8）読み方

日本における伝統的な読み方を片仮名で表記したものです。中天音というのは中インドの発音で東密系の伝承、南天音は南インドの発音で台密系の伝承とされています。

（9）発音種別

発声器官によって字音を分類したものです。詳しくは本章1「字母表における字母の構成」の「（3）体文」を参照してください。（30頁）

（10）字義

梵字は表音文字ですから、本来は文字自体が何らかの意味を持つものではありません。しかし経典では字母に意義を与えてこれを解釈し、特に密教においては重視します。この字母に与えられた意義を字義といいます。それぞれの字母が一番はじめとなる単語などが、多く字義として選ばれたようですが、字義にもいくつかの説があります。本書に掲載する字母表の字義は、不空訳『瑜伽金剛頂経釈字母品《ゆがこんごうちょうぎょうしゃくじもぼん》』に説かれるものが基となっています。

〈梵字悉曇字母表〉

一、摩多 十二字・別摩多 四字

悉曇文字・異体字・摩多点画（上図）

番号	通摩多	漢字音訳	ローマ字表記	読み方 中天音	読み方 南天音	発音種別	字義
1	通摩多	阿	a	ア	ア	以下六字単母音 喉音	本不生
2	通摩多	阿引	ā	アー	アー	同	寂静
3	通摩多	伊	i	イ	イ	顎音	根
4	通摩多	伊引	ī	イー	イー	同	災禍
5	通摩多	塢	u	ウ	ウ	唇音	譬喩
6	通摩多	汚引	ū	ウー	ウー	同	損減
7	通摩多	曀	e	エー	エー	以下四字複母音 喉・顎	求
8	通摩多	愛	ai	アイ	アイ	同	自在
9	通摩多	汚	o	オー	オ	喉・唇	瀑流
10	通摩多	奥	au	アウ	オウ	同	化生
11	通摩多	闇	aṃ	アン	アン	随韻	辺際
12	通摩多	悪	aḥ	アク	ア	止声	遠離

別摩多				
16	15	14	13	番号
𑖉	𑖈	𑖇	𑖆	悉曇文字
				異体字
				摩多点画
嚧	呂	哩引	哩	漢字音訳
ḹ	ḷ	ṝ	ṛ	ローマ字表記
リヨ	リヨ	リ	リ	読み方 中天音
リ	リ	キリ	キリ	読み方 南天音
			以下四字流滑母音	発音種別
沈没	染	類例	神通	字義

二、体文　三十三字

五類声二句					五類声一句					
26	25	24	23	22	21	20	19	18	17	番号
𑖗	𑖖	𑖕	𑖔	𑖓	𑖒	𑖑	𑖐	𑖏	𑖎	悉曇文字
										異体字
										切継半体 上部
										切継半体 下部
孃	酇	惹	磋	遮	仰	伽	誐	佉	迦	漢字音訳
ña	jha	ja	cha	ca	ṅa	gha	ga	kha	ka	ローマ字表記
ジャウ	ジャ	ジャ	シャ	シャ	ギャウ	ギャ	ギャ	キャ	キャ	読み方 中天音
ザ	ザ	ザ	サ	サ	ガ	ガ	ガ	カ	カ	読み方 南天音
鼻音	濁音・有気音	濁音・無気音	清音・有気音	以下五字顎音 清音・無気音	鼻音	濁音・有気音	濁音・無気音	清音・有気音	以下五字喉音 清音・無気音	発音種別
智	戦敵	生	影像	遷変	支分	一合	行	等空	作業	字義

	五類声三句					五類声四句					五類声五句				
番号	27	28	29	30	31	32	33	34	35	36	37	38	39	40	41
悉曇文字	𑖘	𑖙	𑖚	𑖛	𑖜	𑖝	𑖞	𑖟	𑖠	𑖡	𑖢	𑖣	𑖤	𑖥	𑖦
漢字音訳	吒	咤	拏	荼	拏	多	他	娜	馱	曩	跛	頗	麼	婆	莽
ローマ字表記	ṭa	ṭha	ḍa	ḍha	ṇa	ta	tha	da	dha	na	pa	pha	ba	bha	ma
読み方 中天音	タ	タ	ダ	ダ	ダウ	タ	タ	ダ	ダ	ナウ	ハ	ハ	バ	バ	マウ
読み方 南天音	タ	タ	ダ	ダ	ダ	タ	タ	ダ	ダ	ナ	ハ	ハ	バ	バ	マ
発音種別	以下五字舌音 清音・無気音	清音・有気音	濁音・無気音	濁音・有気音	鼻音	以下五字歯音 清音・無気音	清音・有気音	濁音・無気音	濁音・有気音	鼻音	以下五字唇音 清音・無気音	清音・有気音	濁音・無気音	濁音・有気音	鼻音・以上五組廿五字五類声
字義	慢	長養	怨対	執持	諍論	如々	住處	施与	法界	名字	第一義諦	聚沫	縛	有	吾我

異体字／切継半体（上部・下部）

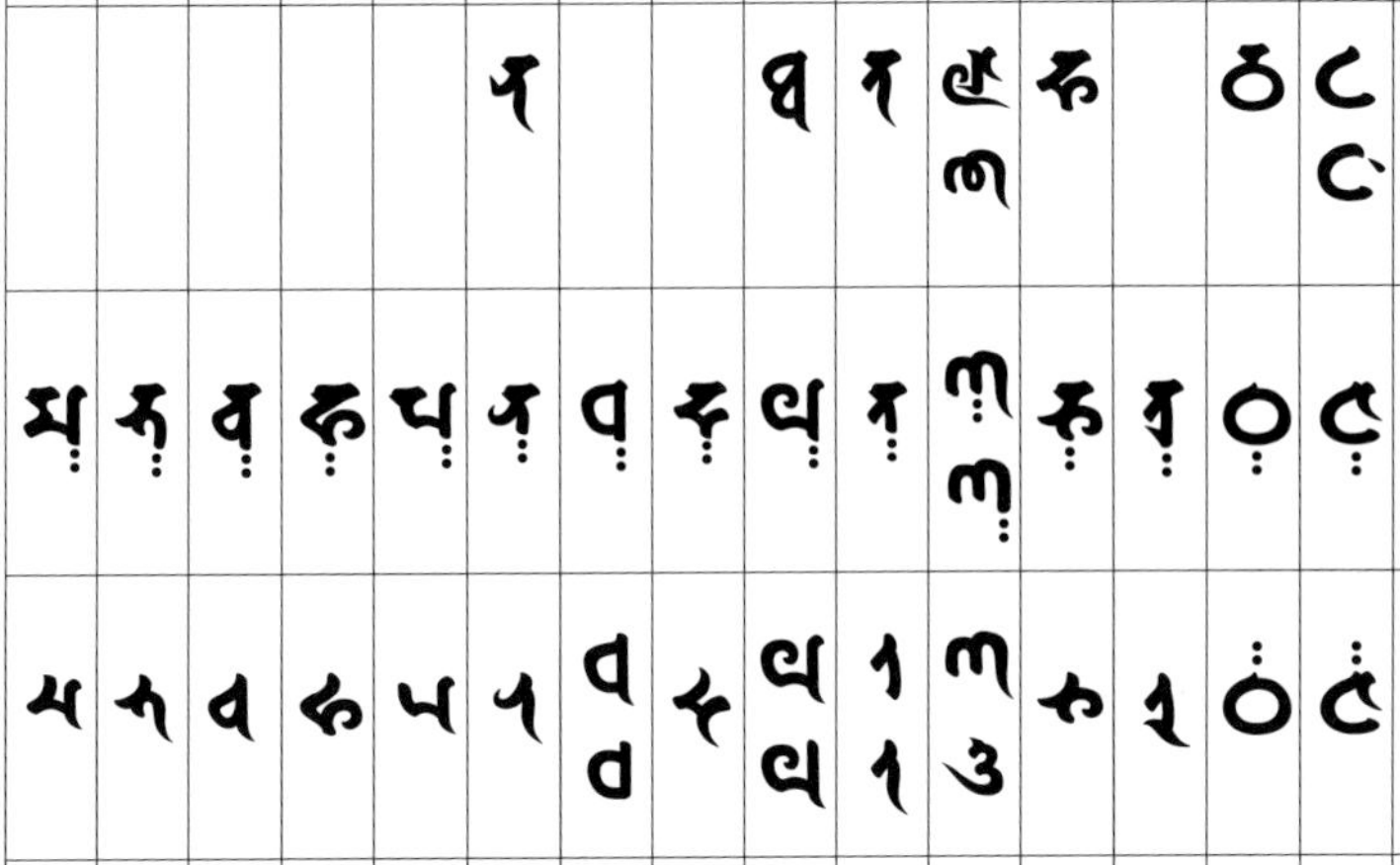

区分	番号	悉曇文字	異体字	切継半体 上部	切継半体 下部	漢字音訳	ローマ字表記	読み方 中天音	読み方 南天音	発音種別	字義
遍口声	42	𑖧		𑖧𑖿	𑖿𑖧 𑖿𑖧	野	ya	ヤ	ヤ	以下八字遍口声 以下四字半母音	乗
遍口声	43	𑖨		𑖨𑖿	𑖿𑖨	囉	ra	ラ	ラ		塵垢
遍口声	44	𑖩		𑖩𑖿	𑖿𑖩	邏	la	ラ	ラ		相
遍口声	45	𑖪		𑖪𑖿	𑖿𑖪	嚩	va	バ	バ		言説
遍口声	46	𑖫	𑖫	𑖫𑖿 𑖫𑖿	𑖿𑖫 𑖿𑖫	捨	śa	シャ	サ	以下三字隔舌音	本性寂
遍口声	47	𑖬		𑖬𑖿	𑖿𑖬	灑	ṣa	シャ	サ		性鈍
遍口声	48	𑖭		𑖭𑖿	𑖿𑖭	娑	sa	サ	サ		諦
遍口声	49	𑖮		𑖮𑖿 𑖮𑖿	𑖿𑖮	賀	ha	カ	カ		因業
三、重字 二字											
遍口声	50	𑖩𑖿𑖩𑖽				濫	llaṃ	ラン	ラン	同体重字	
遍口声	51	𑖎𑖿𑖬		𑖎𑖿𑖬𑖿	𑖿𑖎𑖿𑖬	乞灑	kṣa	キシャ	サ	異体重字	盡

3　梵字の特徴

一文字が音素や音節を表す文字を「表音文字」といいます。いわゆるアルファベットや私たちが日常的に用いている平仮名や片仮名も表音文字の一種です。梵字が元来インドの言葉を書くために用いられた表音文字の一種であることはすでに述べました。梵字を「仏などを象徴的に表す文字（種子）」と考えている方も多いと思います。それは確かに誤りではありませんが、表音文字である梵字は本来、漢字のように一文字に何らかの意味を持つものではありません。

また、一言で表音文字といっても様々なものがあり、それぞれ特徴があります。梵字はその性質上文字数が大変多く、種子として一般に知られているものはその一部です。種子としての梵字は大変大切なものですが、まず表音文字としての梵字を知らなければ、種子を正しく理解し、そして書くことはできません。次に梵字の文字としての特徴を挙げます。

(1) 一文字に必ず母音一つが伴われる

摩多は母音字ですから当然ですが、梵字は子音字（体文）にも必ず母音が一つ伴われます。私たちが用いている仮名にも母音が伴われています。例えば「カ」という仮名の示す音を、さらに細かい音の要素を表記できるローマ字で表すと「ka」となり、「a（ア）」という母音が含まれていることがわかります。「キ」なら「ki」となり、「i（イ）」という母音が含まれているということになります。字母表を見ると、すべての体文に母音「a」が伴われていることが確認できると思います。

（2）母音符号を付けて母音を変化させる

体文には必ず「a（ア）」という母音が伴いますが、言語を表記するためには当然母音が「a（ア）」だけでは不十分です。梵字は「a（ア）」という母音を常に伴う体文に、摩多点画と呼ばれる母音符号を付して別の母音を示します。例えば、「キャ（ka）」という体文に「イ（i）」の摩多点画を付けると「キ（ki）」となり、「ギャ（ga）」に「ウ（u）」の摩多点画を付けると「グ（gu）」となります。字母表の「摩多点画」の欄が母音符号の形と梵字のどの部分に付けるかを示したものです。

（3）体文同士が結合する

梵字には子音字である体文同士が結合するという特徴があります。結合することによって結合した文字間の母音が脱落し、子音の連続がおこります。例えば、「ja」を示す梵字と「ra」を示す梵字が結合すると、「jra」を示す文字となります。これを文字の「合成《ごうじょう》」「切継」などといい、文字を結合させることを「切り継ぐ」などといいます。文字が合成する際にとる形が、字母表の「切継半体」の欄に示された形です。やっかいなことに、合成は必ずしも二文字とは限りません。三文字の合成はもちろん、場合によっては六文字も合成した文字も存在します。さらに合成によってできた文字にも母音符号がつきますので、文字数が相当数になることは想像できると思います。

このように、梵字には私たちが比較的よく知っている他の表音文字とは、明らかに異なるいくつかの特徴を持っています。特に文字同士の結合は、梵字の文字数を多くしている特徴といえます。三十三文字の体文同士が合成し、さらに十二の摩多点画が付くので、合成の組み合わせの十二倍の文字数となるわけです。もちろん、言語上ありえない組み合わせもありますが、梵字の数は全部で一万数千字にのぼるといわれています。これらの特徴を理解するために、字母表は大変便利なものといえるでしょう。

4　悉曇十八章について

梵字悉曇の伝授では悉曇十八章を用います。第一章で紹介した、智広の『悉曇字記』に説かれるもので、十八の章にわけて綴字法《ていじほう》を学ぶものです。師が各章の頭の文字（摩多点画を付けない文字）を書き、弟子がアーからアクまでの十一の摩多点画を付した文字を書いていきます。これを建立《こんりゅう》するといいます。建立という語は、合成字や摩多点画を付した文字を「建立する」、あるいは十八章の章を「建立する」のどちらの意味でも用いられているようです。

第一章は、体文三十三文字と異体重字の計三十四文字に通摩多の摩多点画を付けていきます。各文字の一番最初、母音が「a（ア）」となる文字は師が書きますが、それも含めると三十四文字に摩多点画の数、十二を掛けた四百八文字が、第一章で建立する文字の数となります。同体重字の「ラン（llaṃ）」は、第十八章では常に除かれます（除字）。

第二章は、体文と異体重字の「キシャ（kṣa）」に「ヤ（ya）」を切り継ぎ、摩多点画を付けていきます。合成される文字が切継半体の上部の形を、「ヤ（ya）」が下部の形となります。「ラ（ra）」字と、合成すると同体重字となる「ヤ（ya）」字は除字です。したがってこの章は、三十四文字から除字二文字を引いた三十二文字の十二倍で三百八十四文字となります。

第三章は、「ラ（ra）」を切り継ぎます。「ラ（ra）」が除かれ、三十三文字の十二倍、三百九十六文字を建立します。

第四章で切り継ぐのは、「ラ（la）」です。「ラ（ra）」と「ラ（la）」が除字となり、三百八十四字を建立する章となります。

第五章は、「バ（va）」字を切り継ぐ章です。「ラ（ra）」と「バ（va）」が除字となり、三百八十四字を建立します。

第六章と第七章も三百八十四字を建立する章です。第六章は「マ（ma）」を、第七章は「ナ（na）」を切り継ぎます。除字は「ラ（ra）」と合成によって同体重字となる文字、つまり第六章は「マ（ma）」、第七章は「ナ（na）」となります。

第八章から第十四章までは、第一章から第七章までの文字の上に「ラ（ra）」を合成します。第一章では除字ではなかった「ラ（ra）」字が、第八章で上に「ラ（ra）」字が付くことにより同体重字となり、第八章では除字となります。したがって、第八章の文字数は第一章とは異なり、三百九十六文字となりますが、第九章から第十四章は、それぞれ第二章から第七章と同じ文字数となります。

第十五章は、少しややこしい章です。まず五類声《ごるいしょう》の第一句から五句までに分類されるそれぞれ五文字のうち、各句の鼻音に残りの四文字を切り継ぎます。つまり第一句なら鼻音の「ギャウ（ṅa）」に他の四文字「キャ（ka）」「キャ（kha）」「ギャ（ga）」「ギャ（gha）」を切り継ぎます。第二句なら「ジャウ（ña）」に「シャ（ca）」「シャ（cha）」「ジャ（ja）」「ジャ（jha）」が切り継ぐということです。これを第五句まで繰り返すと二十文字が建立されることになります。常に除字となる「ラン（llaṃ）」を除いた残りの遍口声《へんくしょう》九文字は、五類声第一句の鼻音「ギャウ（ṅa）」に切り継がれます。これで全部で二十九文字となり、十二を掛けた数、三百四十八文字がこの章で建立する文字の数となります。

第十六章は、体文三十三文字と異体重字に別摩多《べつのまた》の「リ（ṛ）」の摩多点画を付けます。「リ（ṛ）」は母音ですから、これに他の母音を付けることはできません。したがって、長母音の「リー（ṝ）」と記号である空点及び涅槃点のみの転声《てんじょう》となります。三十四の四倍、百三十六を建立する章です。

第十七章は、合成字の下になる文字、切り継ぐ文字の順序は字母表の順序におおむね準じているものの、上となる文字にほとんど規則がなく、また二文字合成の文字だけではなく、六文字合成の文字も建立します。そのため覚えるのが大変難しい章、「難覚章」と呼ばれています。建立する文字数は三百九十六文字です。

第十八章は、これまでの十七章に属さない文字を建立する章ですが、伝承によって文字数なども異なります。また前十七章で除字となった同体重字も、この章で一部建立します。

このように悉曇十八章で建立する文字の数は、伝承によって文字数の一定しない第十八章を除く前十七章で、合計六千三百十六文字となります。伝授では師の指導のもと、これらの文字をすべて書くことになります。また、実際にはこの十八章に含まれない文字も数多く存在します。例えば、十八章では空点と涅槃点を母音が「a（ア）」の文字にしか付けませんが、これらの記号は理論上すべての文字に付くことができるものです。また実際に使用する合成字でも十八章に含まれていないものがあります。これら数多くの梵字を正しく書くためには、十八章の建立はもちろんのこと、字母表を頭に入れ、字母と合成の規則、そして摩多点画の付け方を覚えることがとても重要なのです。

5　梵字の記号

梵字にも句読点などの記号がありますので、少し触れておきたいと思います。

（1）

文頭に置く記号です。「イ（i）」字を省略したものだといわれています。

(2)

畳字《じょうじ》（繰り返し記号）です。二文字以上を繰り返すときに使います。「シャ（cha）」字の省略とされます

(3)

怛達《たたつ》といいます。体文《たいもん》には必ず母音「ア（a）」が伴いますが、母音を除いた文字を作る際に、この怛達を体文の下に付けます。

(4)

読点です。「マ（ma）」字の省略形です。

(5)

句点です。「ダ（da）」字の省略形です。

(6)

章末や一部の終わりに置く記号です。「アン（aṃ）」字を省略したものです。

(7)

（6）と同じく、章や一部の終わりを示す記号ですが、こちらは「アク（aḥ）」字の省略とされています。

（8）

減滅《げんめつ》点・滅字《めつじ》点などと呼ばれる点です。梵字を書き損じたときに文字の上に打つことで、その字を消したことになります。「ダウ（na）」字を省略したものとされています。

三、密教の教義と梵字

1　字義について

密教では梵字の字母に表音文字である梵字が本来持たない意義を与え、字義と呼んでこれを重要視します。空海の著作とされる『梵字《ぼんじ》悉曇《しったん》字母《じも》并《ならびに》釈義《しゃくぎ》』には、字義について次のように説かれています。

「世人《せじん》はただ彼《か》の字相《じそう》を知って日に用うと雖《いえど》も、未《いま》だ曽《かつ》て其の字義を解《げ》せず。如来《にょらい》は彼《か》の実義《じつぎ》を説きたまえり。若《も》し字相《じそう》に随って而も之を用いれば則ち世間の文字なり。若《も》し実義《じつぎ》を解《げ》すれば則ち出世間《しゅっせけん》の陀羅尼《だらに》の文字なり。」

つまり、「世の中の人々は梵字の表面的な部分のみを知って用いているけれども、それでは梵字が持つ深い意義（字義）を理解することはできない。如来（仏《ほとけ》）はその真の意義を説いている。表面的な部分のみを知って用いるなら、それは世俗的なものでしかなく、如来（仏）が説く真の意義を理解すれば、それは世俗を超えた陀羅尼の文字である。」というのです。

ここでいう「陀羅尼」とはサンスクリット語「dhāraṇī」を漢字音写した語で、「総持《そうじ》」「能遮《のうしゃ》」などと訳されます。「総持」とは記憶して忘れないこと、あるいは「総てを持つ」を意味し、「能遮」とは悪いものを能く遮《よ》ることをいいます。つまり陀羅尼は雑念を払い、仏法の真理を保ち忘れないことを意味します。具体的には真言の長いものを陀羅尼といいます。真言や陀羅尼はそれを繰り返し唱えることによって雑念を払い、仏の悟りの境地へ入ろうとするものです。そして、それらを書く梵字一字一字の根本には仏の説く真の意義、字義が込められているのです。

仏の教えの真理を心の中で観察し、念ずる瞑想法を観法《かんぽう》といいますが、密教の観法の多くは梵字を観ずるものです。その中には仏の悟りの境地に入ろうとする手段として字義を用いるものもあります。言い換えれば、梵字の字母一字一字は字義によって仏の悟りの境地へ通ずる門となるのです。

2　ア字と命点《みょうてん》

数多くの梵字の中でも「ア」という梵字（ア字）は特に重視されています。真言宗の根本経典の一つに『大日経』という経典がありますが、その注釈書『大毘盧遮那成佛経疏《だいびるしゃなじょうぶつきょうしょ》』（『大日経疏《だいにちきょうしょ》』）には、ア字について次のように説かれています。

「阿字は是れ一切法教の本なり。凡《およ》そ最初に口を開く音に皆阿の聲有り。若し阿の聲を離るれば則ち一切の言説《ごんぜつ》無し。故に衆聲の母と為す。凡そ三界の語言は皆名に依る。名は字に依る。故に悉曇の阿字を衆字の母とす。」

口を開けばまずアの声があり、アの声を離れては一切の言葉はないので、ア字はあらゆる声の母だといいます。そして言葉を書き表すのは文字であるから、悉曇（梵字）のア字はすべての文字の母であり、仏の教えの根本であると説いています。

ア字は字母表の一番最初に置かれる文字ですが、字母表を見るとア字の摩多点画は、点画を打つ位置を示した「□」の左上の隅に、点のような形で記されていると思います。これを「命点」いいます。命点は他の摩多点画とは異なり、体文に後から付ける母音符号ではありません。命点は、すべての梵字の起筆に必ず打つことになっているもので、それによってすべての梵字に文字の一部として含まれます。そして、この点がない文字は生きた梵字ではないとさえいわれています。

命点は別名「ア字命点」あるいは「ア点」、「一点《いってん》ア字」などとも呼ばれていますが、それは命点とはすなわちア字であることを示しています。子音字である体文すべてに「ア(a)」という母音が伴われていることも、すべての文字にこの命点が打たれているからともいえましょう。密教では、ア字はすべての文字の母であり、仏の教えの根本であると考えます。そして、すべての梵字には、命点としてそのア字が内包されているのです。

3　種子

字母にはそれぞれ字義という深い意義が与えられていると述べましたが、ア字には「本《ほん》不生《ぷしょう》」という字義が与えられています。本不生とは、「すべての事物現象の本源は不生不滅である」ということで、密教の教主、大日如来の悟りの境界とされています。ア字の字義が「本不生」で、「本不生」は大日如来の悟りの境界ということになりますので、ア字はつまり大日如来そのものを表すということになります。このようなことから『大日経《だいにちきょう》疏《しょ》』では、ア字を大日如来の一字の真言としています。

仏・菩薩・明王・天部に至るまでの諸尊などを梵字で表したものを種子といいます。種子は種子字《しゅしじ》ともいい、また種字と書くこともあります。厳密には種子と字母は別のものですが、字母の一つであるア字とその字義「本不生」、そして大日如来は、それぞれをお互いにイコールで結べるものです。したがって、ア字は大日如来を一字で表す梵字、種子ということにもなります。もちろん、必ずしもすべての字母の字義と何らかの尊格が一致する訳ではありません。しかし、少なくとも字義という考え方が、梵字が種子として重要視されるに至る過程で大きな影響を及ぼしていると考えることができます。

密教の観法には、字義を観じて仏の悟りの世界を感得するものがありますが、種子もまた密教の観法において重要です。種子の原語はサンスクリット語の「ビージャ（bīja）」で、植物の種を意味します。種子は植物の種が花や果実などを生ずべき内的要因（因）を持っているように、一字に無限の功徳を内包しています。そして行者が観ずることによって、植物の種が雨や日光などの外的要因（縁）によって根や茎や葉を生じるように、一字から様々な功徳を生じるのです。

密教の修法の中で行われる重要な観法に、本尊観というものがあります。この観法では、まず修法の本尊とする尊格の種子を観じ、次にその三昧耶形《さんまやぎょう》（諸尊の誓願《せいがん》を手に持つ物などで象徴的に表したもの）、そして最後に本尊の姿である尊形《そんぎょう》を観じます。それはまさに種が芽を出し花を咲かせる過程そのものであり、種子はその根本にあるものなのです。

4　曼荼羅について

曼荼羅《まんだら》はサンスクリット語「maṇḍala」を漢字音写した語です。この語の解釈は様々ですが、『密教大辞典』（法蔵館）によると、中心・本質・神髄などを意味する「maṇḍa」に、所有・成就を表す後接語「la」を加えたもので、「本質・神髄を有する者」としています。密教でいうところの本質・神髄とは、仏の悟りの境地ですから、「悟りの真理を有する者」ということもできます。「maṇḍala」には「円輪具足《えんりんぐそく》」という漢訳もあります。これは悟りの真理が完全な調和の境地であることを、円という図形の完全性によって表したものといえます。また、「maṇḍala」には「道場」という意味があります。

釈迦が悟りを開いた場所を「bodhi-maṇḍala（菩提道場）」といいますが、仏堂や修法の壇、それらを築く場所など、悟りを求める場所もまた曼荼羅といえるでしょう。つまり曼荼羅とは完全なる調和の境地である悟りの真理の世界であり、諸尊が集まる聖なる場所なのです。

一般的に「曼荼羅」といった場合、その語を知るほとんどの方が、多くの仏・菩薩をはじめとする諸尊が整然と描かれた絵画を思い浮かべると思います。実は曼荼羅には（1）自性曼荼羅《じしょうまんだら》（2）観想曼荼羅《かんそうまんだら》（3）形像曼荼羅《ぎょうぞうまんだら》の三つの区分があり、絵画や彫刻、仏像などで表現されたものは形像曼荼羅といいます。自性曼荼羅はすべての現象に仏の本質を観るもので、宇宙そのもののあるがままを曼荼羅とします。観想曼荼羅は観法によって自身の心の中に築かれた曼荼羅のことです。

形像曼荼羅はさらに四つに分類されています。まず、図絵で諸尊の姿を描いたもの、これらは大曼荼羅と呼ばれます。次は、諸尊が手に持つ物や手に結ぶ印などを、それぞれの尊格の象徴として描いたもので、これを三昧耶《さんまや》曼荼羅といいます。三つ目は諸尊を梵字で書いた曼荼羅、つまり種子で書いた曼荼羅です。これらを法曼荼羅といいます。そして四つ目は仏像などで立体的に表現した曼荼羅で、羯磨《かつま》曼荼羅と呼ばれます。京都東寺の講堂とその中に配された二十一尊の仏像は、よく立体曼荼羅と称されますが、これらが羯磨曼荼羅に分類されるものです。

また曼荼羅は、両界曼荼羅と別尊《べっそん》曼荼羅の二つに大別されます。両界曼荼羅は両部曼荼羅・都会《とえ》曼荼羅ともいい、真言密教処依の経典で「両部大経」といわれる『大日経』『金剛頂経』に基づいて描かれたものです。『大日経』によるものが「胎蔵《たいぞう》曼荼羅（胎蔵生《たいぞうしょう》曼茶羅)」、『金剛頂経』によるものが「金剛界曼荼羅《こんごうかい》」と呼ばれる曼荼羅です。胎蔵曼荼羅は胎蔵大日如来を中心に約四〇〇尊を、金剛界曼荼羅は金剛界大日如来を中心に約一四〇〇尊を描く大がかりなもので、総合的な性格を持っています。これに対し、多くの尊格の中から目的に応じた各別の一尊を本尊として選んで行う「別尊法《べっそんぼう》」という修法に用いる曼荼羅を別尊曼荼羅といいます。

密教の修法の中に、道場観という観法を行う場面があります。この道場観は世界の根本に種子があることを観じることにはじまります。そして仏の世界と本尊、それを取り囲む諸尊を想起するもので、まさに曼荼羅を心の中に描くものです。前述した本尊を種子・三昧耶形《さんまやぎょう》・尊形《そんぎょう》と順に観ずる本尊観も、この道場観の中で行われます。視覚的表現による曼荼羅は観法による心の曼荼羅の構築を補助するものとして用いられ、修法において重要な役割を果たします。そして種子によって書かれた種子曼荼羅は、密教の教義の根源的な部分を表した曼荼羅ともいえるのです。

梵字の字母には字義という意義が与えられ解釈されました。字義は梵字が仏そのものを表す種子として重要視されるようになる過程で、少なからず影響を及ぼしたと考えられます。種子は観法において、文字通り「種」としての役割を担います。そして、その根本には常にア字があるのです。

ア字はまた、命点としてすべての梵字の本となります。ア字命点から生じた字母はお互いに結合し新たな文字を生み、摩多点画によって転声します。これらが多くの諸尊の種子

胎蔵曼荼羅（染川英輔画）

金剛界曼荼羅（染川英輔画）

となるその様は、万物の根源でありア字に象徴される大日如来を中心にかたちづくられる曼荼羅の世界そのものといえましょう。このように、密教の教義とその世界観は梵字と切り離して考えることができないものなのです。

四、書写の心構えと基本筆法

1　梵字を書く際の心構え

これまで述べてきたように、梵字は密教の教義と密接な関係にあります。日本においては平安期以降、特に東密《とうみつ》と台密《たいみつ》、つまり真言・天台両宗の学僧達によって研究・研鑽が進められ、同時に書法も伝承されてきました。密教の教義上、梵字は古くから仏の真実の言葉である真言や陀羅尼を書く「聖なる文字」として、また仏・菩薩などの諸尊そのものを示すものとして大切に取り扱われてきました。

そのようなことから、これを学ぶに際して行うべき作法が定められるなど、心構えが必要とされています。その中に初学者が心得るべき十の禁条というものがあるので、次に紹介します。

一　梵文は打つこと莫《なか》れ、焼失すること勿《なか》れ。是れ仏種《ぶっしゅ》（仏となる原因）を断ずる罪咎《ざいきゅう》の故に。

二　不浄の木石及び紙箋に此の梵文を書写すべからず。
三　字の上に字を書き或いは書き残し、書き滅す等の事、皆之を誡《いまし》む。
四　世間の記録、外書《げしょ》（仏教以外の書物）等に、梵字梵文を交入すること勿れ。
五　謬誤《びゅうご》（誤って）に書写し及び妄説すれば一切諸法成就せず。
六　梵文を読誦し書写する者は、必ず法衣を着し威儀に住せよ。
七　不信の者及び外道（仏教徒以外）に対しては、梵文の妙義之を説くこと莫れ。
八　若し妙慧法器《みょうえほうき》（すぐれていて仏法を受け入れる素質のある）の者有らば、其の法文を悋惜《りんしゃく》（惜しむ）すべからず。
九　書写読誦は師説に随い、連声相通《れんじょうそうつう》（音韻に関する考え）全く教えの如くせよ。
十　先徳の聖教《しょうぎょう》（仏教経典や高僧の教説を記した書物）、師伝の外に、胸臆《きょうおく》の説を案立すべからず。

この十の禁条からは梵字がいかに大切に扱われてきたかが見てとれます。現実的に、これらすべてを特に僧侶ではない人が厳密に守ることは難しいことですが、僧侶はもちろん梵字を書こうとする人は、本来はこのような心構えが必要なものであるということを理解してください。書写する際には法衣を身につけずとも、輪袈裟《わげさ》をかけ、威儀を正して書写することが望ましいと考えています。

2　梵字の書体について

(1) 貝葉《ばいよう》体から中国様式へ

梵字はインドで生まれ、仏教伝来と共にその経典を記す文字として中国にもたらされました。経典に書かれた文字の字体は年代によって異なりますが、現在日本に伝わっている梵字の字体は、密教経典が盛んに漢訳された唐の時代に用いられていたものであるとされています。その頃、遣唐使船に乗って唐に渡った空海・最澄をはじめとする入唐八家《にっとうはっけ》と呼ばれる僧侶達が、密教経典と共にその教義に欠かせない梵字の資料を日本に持ち帰ったことは、本書第一章でも述べました。

元々インド伝来の経典は、木の葉などを加工した貝葉という筆記媒体に鉄筆等で文字を書いたものでした。しかし、当時の中国ではすでに紙と筆が筆記具として用いられており、経典に書かれていた梵字の書写もそれらの筆記具を用いて行われたため、書体も中国の様式となったとされています。日本から唐に渡って密教を学んだ僧達もまた、それらの筆記具を用いていたと考えらます。空海が在唐していた時のノートといわれる『三十帖《さんじゅうじょう》策子《さくし》』には毛筆で書かれた空海の直筆とされる梵字が残されています。また当時の中国では、先端が扁平な朴筆《ぼくひつ》も用いられており、朴筆で書かれた梵字資料も日本にもたらされています。

(2) 毛筆書体

平安期に入唐僧達が梵字資料を日本に持ち帰って以降、天台宗では安然《あんねん》(八四一頃~没年不明)、真言宗では淳祐《しゅんゆう》(八九〇~九五三)などの碩学によって梵字に関する学問が確立されます。書体については、梵字が入唐僧によって日本にもたらされた当初は中国風の書体でしたが、のちに独自の変化をとげていったと考えられています。

江戸期になると、澄禅《ちょうぜん》(一六一三~一六八〇)・浄厳《じょうごん》(一六三九~一七〇二)・慈雲《じうん》(一七一八~一八〇五)の三師があらわれ、悉曇学を復興させます。また貝葉研究に基づくとされる三師の筆致と書写技術は一書流を築きます。現在書かれている梵字の毛筆書体は三師の書風を範とし、伝えられてきたものです。

(3) 朴筆《ぼくひつ》書体

梵字には朴筆で書かれた書体があり、朴筆書体などと呼ばれています。宝永六年(一七〇九)に刊行された宥山の『梵書朴筆手鑑《ぼんしょぼくひつてかがみ》』によると、朴筆とは桧や柳の板、新竹《わかたけ》などで作られた筆記具のことであったようですが、現在は毛で作られた刷毛を用いて書くのが一般的です。貝葉体の梵字は先が扁平の筆記具で書かれていたため、やはり先が平たい刷毛で書く朴筆書体は貝葉書体に近い部分もあるといえます。

朴筆書体は古くから書かれていたと思われますが、この書体を研究し、より洗練された書体として完成させたのは前述の澄禅です。澄禅は朴筆書体の梵字を集めた『種子集《しゅじしゅう》』を刊行したほか、朴筆梵書の名筆も数多く遺しており、現在の朴筆書体に大きな影響を与えています。

3　梵字を書く道具

梵字を書く道具は、一般的な書道用具、筆・硯・文鎮・下敷、それに墨・紙といった消耗品を準備すれば十分です。硯は絵皿などを代用してもよいでしょう。特に梵字用と定められているものはありませんが、筆については朴筆書体で書く場合は当然刷毛が必要になります。紙は人それぞれの好みはあると思いますが、にじみの少ないもののほうが梵字には向いています。特に朴筆はにじむ紙だと細い線が綺麗に出ません。

毛筆で書く場合の筆は特に決まりはありませんが、書きやすいのは穂先があまり長くない中穂か短穂の筆です。中穂や長穂の場合、全部おろさずに半分程度おろして使用する方法もあります。毛の質はあまり柔らかすぎない、腰のあるものがよいと思います。あまり高価な筆は必要ありません。筆そのもののサイズについては字の大きさに合わせて選びます。

刷毛を選ぶのは少し難しいです。まず朴筆書体の場合、刷毛の幅の長短で文字の大きさがほぼ決定され、許容範囲が狭いため、書く字の大きさに合わせてサイズの異なる刷毛を用意しなければなりません。また梵字を書くのに適した刷毛そのものの入手が容易とはいえず、種類も多くありません。近年は「梵字刷毛」「梵字筆」などの名で、書道用品や絵筆などを取り扱う専門店で販売されていることもありますが、やはり種類が豊富とはいえません。本当に自分に適した刷毛を選ぶためには練習を重ね、刷毛の特性を理解した上で、日本画用の筆などを制作している専門店に注文します。

ただ、刷毛の代用品として使用できるものもあり、筆者は日常的に水彩画用の平筆を用いています。そのままだと穂先が長すぎるので、のりなどで一度固め、先を少しおろして使用します。固まる過程で幅が変化したり、均等に固まらなかったりするので、固めるにも慣れが必要です。

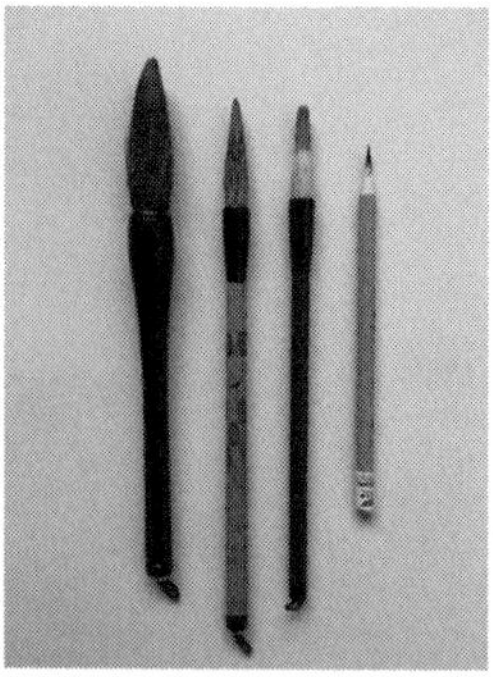
毛筆用の筆

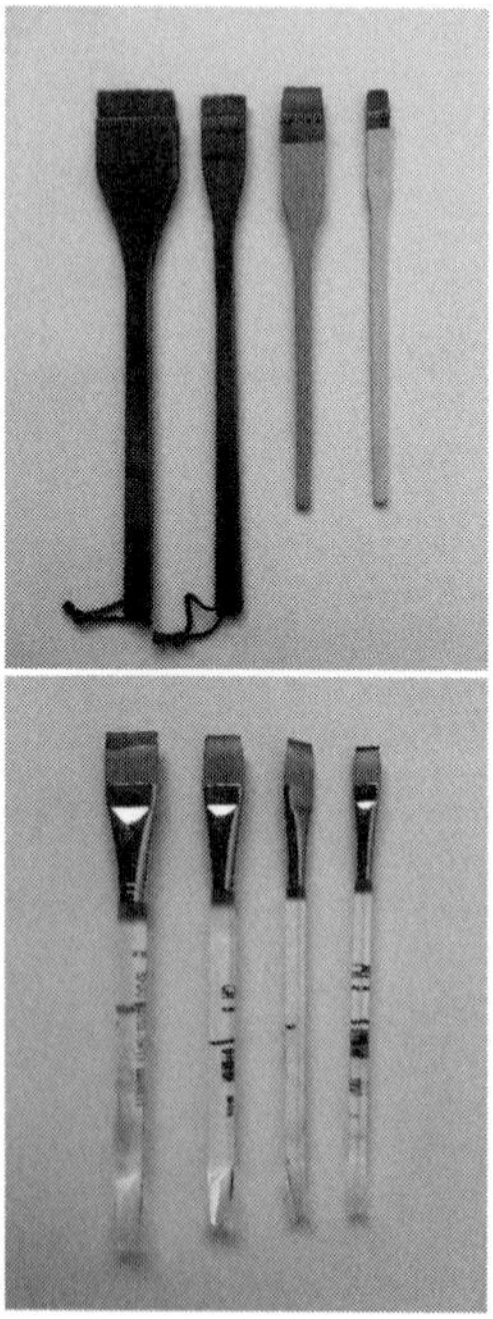
朴筆用の刷毛

※「四、書字の心構えと基本筆法」1〜3は大法輪閣の月刊誌『大法輪』（平成二十九年十一月号）掲載の筆者原稿に、許可を頂いた上で若干の手を加え転載したものです。

4　梵字の基本的要素とその筆法

命点《みょうてん》

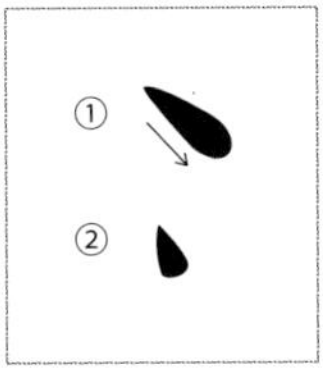

梵字を書く際、起筆に打つ点を「命点」といい、すべての梵字に必ず打つことになっています。命点のない梵字は生きた字ではなく、仏の文字ではないとするのが伝承です。その打ち方は、筆をやや斜めに持ち、四十五度程度の角度で筆を入れ、少し押さえます。押さえた後、少しだけ引くという伝もあります。①

無造作に打ったり、命点の角度が立ちすぎてはいけません。②

横画《よこかく》

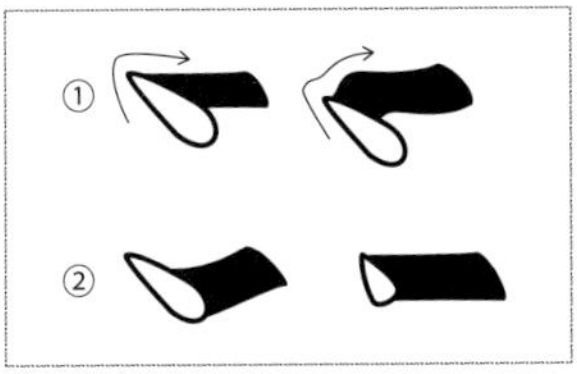

命点を打ったらそのまま筆を紙から離さずに命点の先の方向へと押し戻し、横画をつくります。この時に押し戻す方向や位置によって命点付近の形に違いがあらわれます。①

また横画の長さは字によって異なりますが、基本的にあまり長く引きすぎないようにします。

この部分は書道の運筆と特に異なります。②のような運筆はしないよう注意してください。

縦画《たてかく》

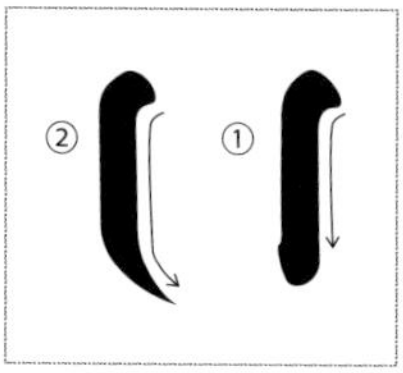

斜めに四十五度程度の角度で筆を入れ、少し左下へ引きながら下方向へと緩やかに曲げ、そのまま筆を止めずに真っ直ぐ下に線を引きます。文字によって、そのまま止めて終筆する場合①と、緩やかに右下方向に曲げながら筆の腹を上げて行き、最後を穂先で引く場合②とがあります。

アー（ā）点

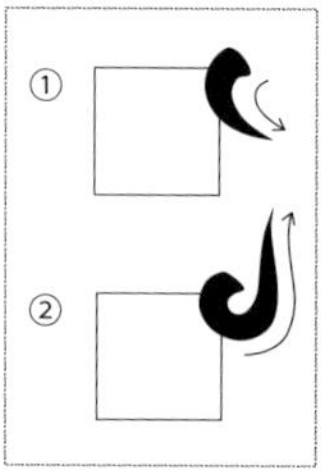

母音を「ア（a）」の長音「アー（ā）」にする点で、修行点ともいいます。基本的に字の右肩部分に引っかけるように付けられます。①ジャ（ja）字のように、字母に元々この点が付いている文字の場合、この点の終筆部を右下方向へ引かず、上へ引き上げます。②

イ（i）点

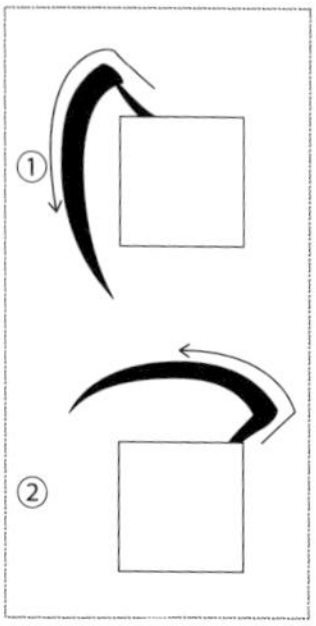

母音を「イ（i）」にする点です。通常、字の左肩から左上方に一度上げ、次に下方向へと書きます。①右肩から右上へ上げ、左方向へ書く場合もあります。②

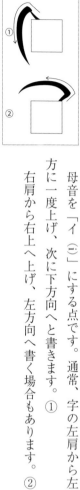

イー（ī）点

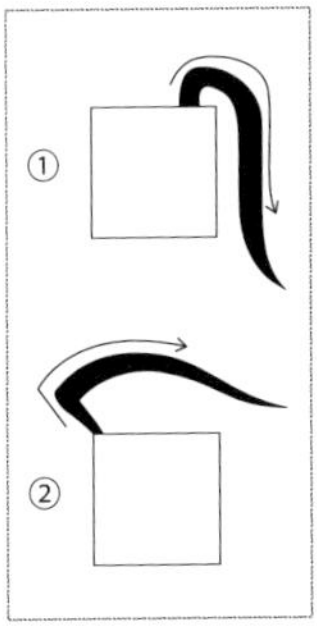

母音を「イ（i）」の長音「イー（ī）」にする点で、まず字の右肩から上方に上げ、次に下方向に書いて最後は右下へ引いて終筆するのが基本筆法です。①

左肩から上方に上げ、右方向に書く場合もあります。②

鶯《うぐいす》点《てん》

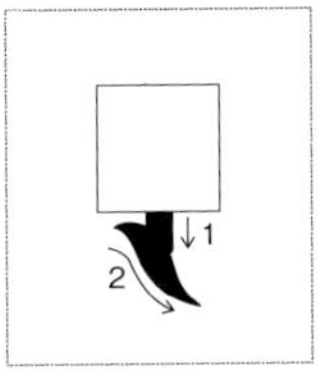

字母の母音を「ウ（u）」にする点画、ウ点として書かれる場合と、阿字などのように字母そのものに含まれている場合とがあります。必ず縦線の終筆部分に重ねる形であらわれます。その描き方は、まず手首を返し筆がほぼ真横を向く状態で縦線の終筆部左側やや上部に引っかけるように筆を入れ、少し右に引きながら下に降ろし、縦線の右側に達する辺りから右斜め下方向に引きながら筆を抜きます。いわゆる書道の「払い」とは異なりますので注意が必要です。

雲形点《くもがたてん》

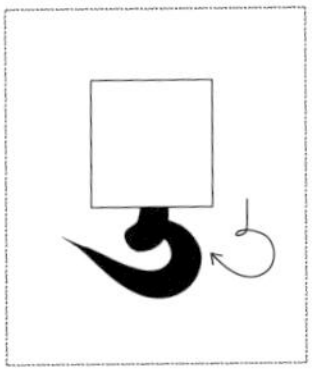

一部の例外を除いてウ点として書かれる点です。毛筆の場合、必ず縦線から続けて書くようにします。縦線の終筆部に至ったら左下へ筆を運び、筆を離さずに書いてきた方向に戻しながら右下へと小さな円を書くようにおろし、筆を止めずに左上方向に線を引きながら徐々に筆の腹を

上げていき筆を抜きます。右下部に重心がくるように書くとよいでしょう。

ウー (ū) 点

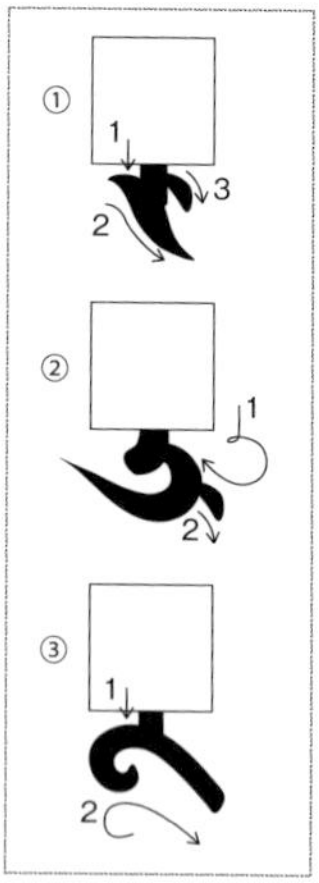

鷺点・雲形点にもう一画加えたもので、母音を「ウー (ū)」にする点です。鷺点の場合①は縦画の右側に、雲形点の場合②は右側の円形の部分に点を加えてつくります。例外もあります。③

ラ (ra) 字のウ (u) 点とウー (ū) 点

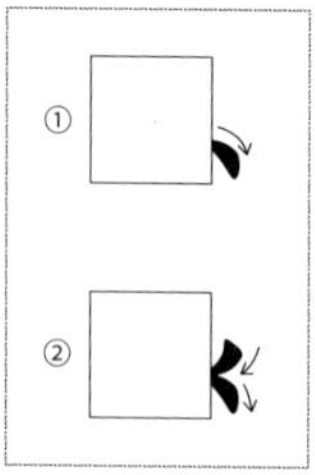

ラ (ra) 字に付けるウ (u) 点とウー (ū) 点は、別の文字に付けるものと異なります。ラ (ra) 字の縦画の右側に、ウ (u) 点は点を一つ①、とウー (ū) 点は二つ②打ちます。合成字の一番下にラ (ra) 字の半体下部を切り継いだ文字についても同様です。ラ (ra) 字の半体下部の縦画にこれらの点を打ちます。

エー (e) 点

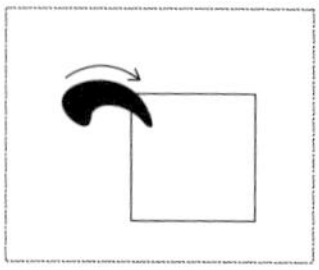

母音を「エー (e)」にする点です。文字の左肩に付します。点の左側から右方向へ書きます。

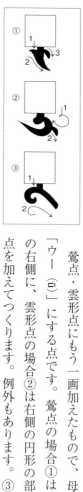

アイ（ai）点

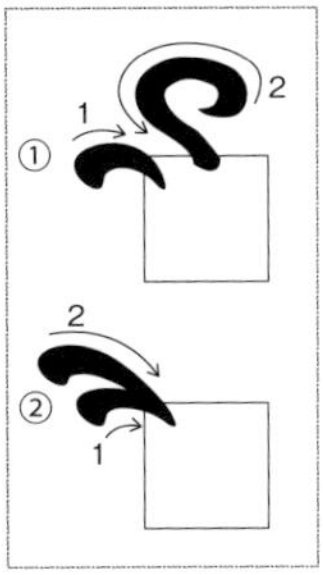

母音を「アイ（ai）」にする点で、エー点にもう一画加えたものです。まずエー点を書き、次にワラビ形点と呼ばれる点を加えます。ワラビ形点の書き方は、まず文字の上方に筆を入れ、左回りに回して文字上部へとおろします。①

二筆目をワラビ形点ではなくエー点同様の点とし、一筆目のエー点の上に加える形のアイ点もあります。②

オー（o）点

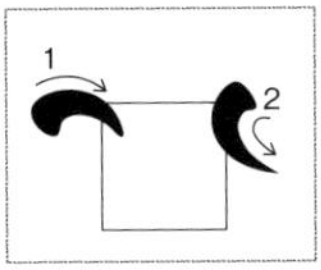

エー点にアー点を加えた形となります。母音を「オー（o）」に変える点です。エー点に相当する部分を先に書きます。

アウ（au）点

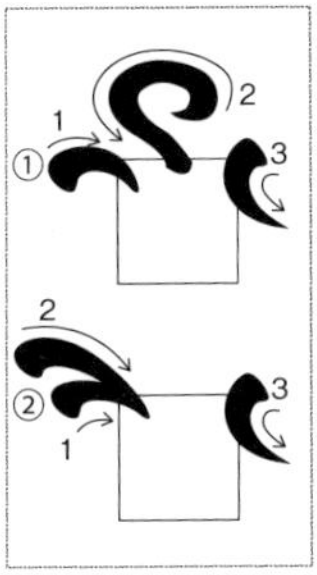

アイ点にアー点を加えたもので、この点を付すことで母音を「アウ（au）」にします。アイ点の部分を先に書きます。

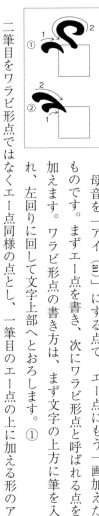

空点《くうてん》・仰月点《ぎょうがつてん》

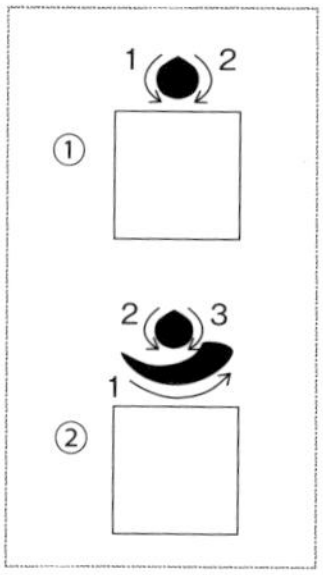

空点は必ず二筆で書くことになっています。まず筆を入れたら左回りに小さく円を書くように点の左側を書きます。次に最初に筆を入れたところから右回りに右側を書きます。一筆目で点を八割方書いてしまい、二筆目で整えるくらいの感覚で書くと書きやすいと思います。①

仰月点は空点の異体で、空点と同じ音を表すものです。荘厳点《しょうごんてん》とも呼ばれています。仰月点を書く場合、先に下の月形の部分を左から書き、次に空点を二筆で書きます。②

涅槃点《ねはんてん》

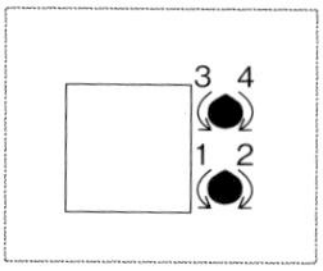

涅槃点は空点が二つ重なった形で、文字の右側に付けます。必ず下の点からそれぞれ空点同様に二筆で書くことになっています。

※文字の筆順については字母についてのみ、第二部の当該項目において示しました。

第二部　梵字字典

【凡例】

一、本書第二部は一万文字を超える梵字の中から、最も基本となる字母《じも》五十一文字と仏・菩薩・明王・天部をはじめとする諸尊を表す「種子《しゅじ》」を集め、簡単な解説を加えたものである。

一、見出しは、「ローマ字表記・漢字音写・片仮名表記」の順に記した。

一、ローマ字表記は、サンスクリットの標準的な翻字《ほんじ》（文字の書き換え）方式であるIAST（International Alphabet of Sanskrit Transliteration）を用いた。

一、漢字音写は、不空訳『喩伽金剛頂経釈字母品《ゆがこんごうちょうぎょうしゃくじもぼん》』や智広《ちこう》の『悉曇字記《しったんじき》』、空海著『梵字悉曇字母并釈義《ぼんじしったんじもならびにしゃくぎ》』、浄厳著『悉曇三密鈔《しったんさんみつしょう》』といった梵字悉曇関連の基本典籍の他、大正新脩大藏經《たいしょうしんしゅうだいぞうきょう》所収の経典・儀軌等の記述によった。ただし、漢字音写が不明な文字もある。

一、片仮名表記は、伝統的な読法にしたがった。また伝承によって異音がある場合は、括弧で示した。

一、文字の配列順は、一般的なサンスクリット語の辞書のアルファベット順にならった。

一、異体字については、原則的に同じ音を表す文字の項目に含めた。

一、書体は筆者の師である児玉義隆先生からご教授賜った坂井栄信師相承の活字体を基本として筆者が書写した。また各項目に他の書体として次の書体を筆者が書写し示した。

（1）筆者の梵字の師である松本俊彰先生よりご指南賜った慈雲《じうん》流の書体

（2）澄禅《ちょうぜん》の毛筆書体

（3）朴筆《ぼくひつ》書体

一、筆順は字母についてのみ示した。

一、空点《くうてん》あるいは仰月点《ぎょうがってん》が付く文字については、一部の文字を除いて基本的に空点で書写した。ただし朴筆書体については仰月点で書写した例が多いため、仰月点を用いた。

一、筆者が種字を書写した種子曼荼羅（下図作成、吉田住心）と曼荼羅の構造図を付録に掲載した。

一、参考文献は本書末尾に記した。

＊サンスクリット語のアルファベット順序（IAST）

a ā i ī u ū ṛ ṝ ḷ ḹ e ai o au

ka kha ga gha ṅa ca cha ja jha ña

ṭa ṭha ḍa ḍha ṇa ta tha da dha na

ya ra la va śa ṣa sa ha

001 【a・阿・ア】

字義◆本不生《ほんぷしょう》

字母の第一字で、母音字母である十二摩多《また》（通摩多《つうのまた》）の一つ。悉曇《しったん》文字を書く際、起筆の点として必ず阿点（命点《みょうてん》）を打つのは、阿字がすべての文字の母であることを示すものである。また、この文字の字義である「本不生」とは、一切の事象の本源は不生不滅であることを示し、それは密教の教主、大日如来の悟りの境界であるという。密教ではこの文字を一切の事象の根源、宇宙の本体として重要視し、大日如来の一字真言とする。諸仏の通種子であり、この文字を種子とする尊格は多い。

種子

諸仏の通種子・阿詣羅仙《あけいらせん》・阿爾多《あじた》・阿修羅・阿《あ》波羅爾多《はらじた》・阿摩提《あまだい》観音・火天・火曜・箕宿《きしゅく》・牛《ぎゅう》宿《しゅく》・軍荼利《ぐんだり》明王・光音天・降三世明王・金剛薩《さつ》埵《た》・地天（堅牢地神《けんろうじじん》）・定光仏《じょうこうぶつ》・参宿《しんしゅく》・水天・太《だい》元帥《げんすい》明王・大日如来（胎蔵）・多宝如来・地大・召請《ちょうしょう》童子・日曜・日天・不空鉤《ふくうこう》観音・忿怒鉤《ふんぬこう》観音・房宿・宝幢《ほうどう》如来・弥勒菩薩・無所有処天・無能勝妃・無能勝明王・無量光菩薩・文殊菩薩・薬師如来・柳宿《りゅうしゅく》・龍猛《りゅうみょう》菩薩・婁宿《ろうしゅく》・他

他の書体

筆順

002【aṃ・闇・アン】

字義◆辺際《へんざい》

十二摩多《また》（通摩多《つうのまた》）の一つで、暗・菴などとも漢字音写される。ア（a）字の上に空点《くうてん》、あるいは仰月点《ぎょうがってん》と呼ばれる点を加えて表記する。サンスクリットでアヌスヴァーラ（anusvāra）と呼ばれるこの点は、音節末を鼻音にする記号で他の文字にも付けることができる。この記号だけでは字母とはならないため、ア（a）字に付すことによって十二摩多（通摩多）の一つとして字母表に加えている。字義の「辺際」はサンスクリット語で「端」「限界」などを意味する「aṃta（anta）」とされる。また、成菩提（悟りを開くこと）を表す文字でもある。阿字の五転（āṃḥ の項参照）のうち、「菩提」に相当する。この文字を種子とする普賢《ふげん》菩薩は辰・巳年の守り本尊とされている。

種子

阿弥陀（無量寿・無量光）如来・一切如来智印（一切遍知印）・金剛因菩薩・金剛光菩薩・除憂冥《じょうみょう》菩薩・日光菩薩・普賢《ふげん》菩薩・文殊菩薩

他の書体

筆順

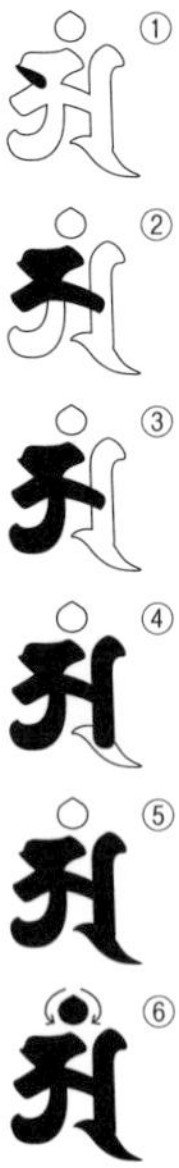

003【aḥ・悪・アク】

字義◆遠離《おんり》

噁とも漢字音写される。十二摩多《また》（通摩多《つうのまた》）の一つで、ア（a）字の右側に涅槃点あるいは不動点と呼ばれる二つの点を付して表記する。この点はサンスクリットではヴィサルガ（visarga）といい、音節末を止音にする記号で他の字にも付せられる。字母表では仮にア（a）字に付して十二摩多（通摩多）としている。阿字の五転（āṃḥ の項参照）のうち、「涅槃」に相当する。

種子

羯磨《かつま》（業）波羅蜜菩薩・金剛焼香菩薩・聖《しょう》観自在菩薩・除蓋障菩薩・大随求《だいずいぐ》菩薩・天鼓雷音《てんくらいおん》如来・日光菩薩・不空成就如来・不空見菩薩・普賢《ふげん》延命《えんめい》菩薩（大安楽真実菩薩）・普賢《ふげん》菩薩・無量光菩薩・龍智菩薩

他の書体

筆順

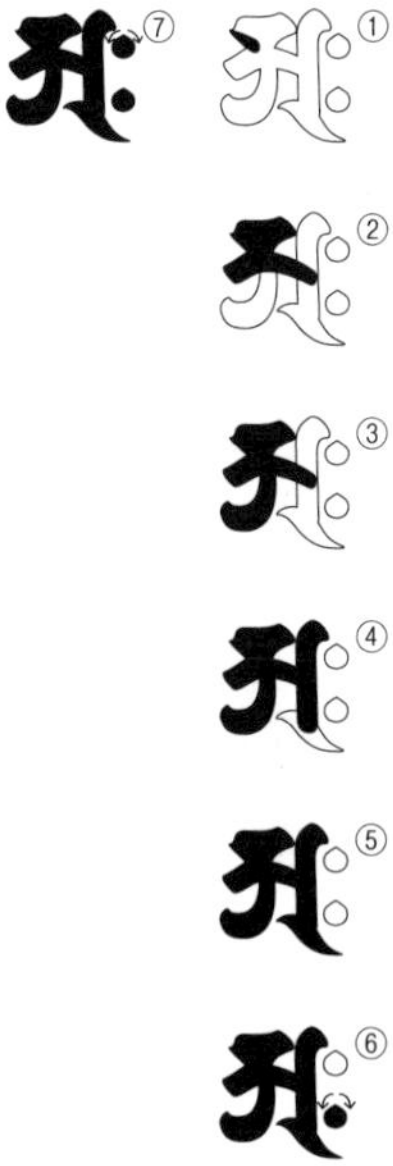

004【ā・阿引・アー】

字義◆寂静《じゃくじょう》

ア(a)の長音で十二摩多《また》(通摩多《つうのまた》)の一つ。このア(a)字の傍らにアー点を加えたもの。このアー点を密教では修行点ともいう。字義はサンスクリット語の「āraṇya」が意味する「寂静」とするが、他にも「虚空(ākāśa)」や「聖者(ācārya)」などとする説もある。胎蔵曼荼羅の中心、中台八葉院に配置される開敷華王《かいふけおう》如来などがこの文字を種子とする。阿字の五転(āṃḥ の項参照)のうち、「修行」に相当する。

種子

開敷華王《かいふけおう》如来・虚空蔵菩薩・金剛薩埵《さった》・空無辺処天・召請《ちょうしょう》童子・不思議童子

他の書体

異体字

筆順

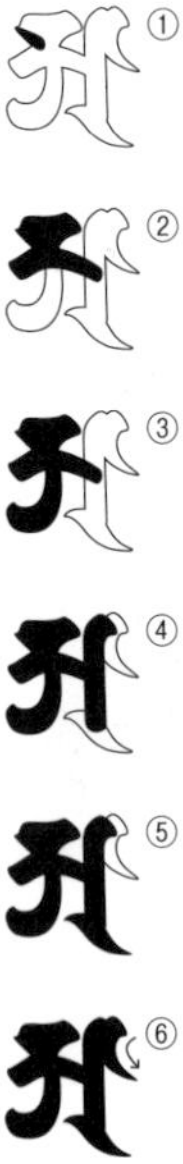

005

【āṃ・暗・アーン】

ア（a）の長音「アー」の音節末を鼻音にした「アーン」を示す文字。この文字を種子とする除《じょ》憂《う》冥《みょう》菩薩は、金剛界曼荼羅においては賢劫十六尊の一人、除《じょ》憂《う》闇《あん》菩薩として描かれている。胎蔵曼荼羅では地蔵院東端に配置され、通常「ダン（daṃ）」を種子とする。

種子

除《じょ》憂《う》冥《みょう》菩薩

他の書体

異体字

006【āṃḥ・アーンク】

この文字は本来インドの文字にはないが、密教で修行の階梯を表すために用いられる。修行の階梯とは、発心《ほっしん》・修行・菩提・涅槃・方便の五つで、それぞれア（a）・アー（ā）・アン（aṃ）・アク（aḥ）・アーク（āḥ）の五字が配当されている。アーンク（āṃḥ）はこれら阿字の五転（五点）をすべて具えた文字であり、究極の真理をあらわすものといえる。胎蔵大日如来の種子としても用いられる。

種子

大日如来（胎蔵）

他の書体

007

【āḥ・悪・アーク】

漢字では「長の悪（噁）」「悪（噁）の長音」などと表現される。アー（ā）字に涅槃点を付して音節末の止音をあらわす。阿字の五転（āṃḥ の項参照）のうち「方便」に相当し、五転の一つとして書かれる場合、雲《くも》形《がた》点《てん》が付く字体が用いられる。

種子

金剛鉤女菩薩《こんごうこうにょ》・金剛薩埵《こんごうさった》・大日如来（金剛界）・大日如来（胎蔵）

他の書体

異体字

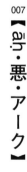

008【i・伊・イ】

字義◆根《こん》

字義の「根」はサンスクリット語「indrya」の漢訳で、インド哲学でいう眼・耳・鼻・舌・身という五つの感覚器官、あるいはその機能「五根《ごこん》」のこと。仏教においては五根に精神の活動をつかさどる「意」を加えて「六根」とする。この文字の異体字の一つは、三つの円点が三角形にバランスよく並ぶことから「伊字の三点」といい、法《ほっ》身《しん》・般若・解脱の三徳にたとえられる。伊《い》舎《しゃ》那《な》天《てん》・地蔵菩薩・帝釈天の種子として用いられる。

種子

伊《い》舎《しゃ》那《な》天《てん》・地蔵菩薩・帝釈天

他の書体

異体字

筆順

009【ī・伊引・イー】

字義◆災禍《さいか》

悉曇《しったん》十二摩多《また》（通摩多《つうのまた》）の一つ。イ（i）の長音。「災禍《さいか》」は『瑜伽金剛頂経釈字母品《ゆがこんごうちょうぎょうしゃくじもほん》』に説かれる字義で原語は「īti」とされる。また『涅槃経』では、この文字の字義を「嫉妬（īrṣyā）」あるいは「自在（īśvara）」とする。この文字を種子とする帝釈天の梵名は「indra」であるため、本来は短音のイ（i）字が種子として用いられるべきだが、古くからこの長音の字があてられている。

種子

伊舎那天妃《いしゃなてんひ》・虚空蔵菩薩・地蔵菩薩・除熱悩《じょねつのう》菩薩・帝釈天・摩奴沙《まぬしゃ》

他の書体

異体字

筆順

010【u・塢引・ウ（ヲ）】

字義◆譬喩《ひゆ》

十二摩多《また》（通摩多《つうのまた》）の一つで、甌・烏・郁・于・宇なども漢字音写される。字義は「譬喩」で、原語はサンスクリット語の「upamā」とされる。

種子

宇賀神《うがじん》・優婆髻設尼《うばけいしに》・烏波難陀龍王《うばなんだりゅうおう》・烏摩妃《うまひ》（大自在天妃）・優楼頻羅迦葉《うるびんらかしょう》・金剛夜叉明王・如来捨菩薩・不思議慧菩薩・弁才天

他の書体

異体字

筆順

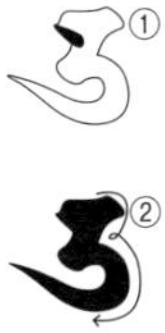

011【ū・塢引・ウー】

字義◆損減《そんげん》

十二摩多《また》（通摩多《つうのまた》）の一つ。ウ（u）の長音で、甌・汚・烏・憂・于・宇などとも漢字音写される。サンスクリット語の「ūna」が意味する「損減」を字義とする。短音のウ（u）字の右下に点を打って表記する。金剛拳菩薩は金剛界十六大菩薩の一尊で、通常バン（baṃ）やヂ（ddhi）などが種子とされるが、この文字を種子とする説もある。

種子

金剛拳菩薩

他の書体

異体字

筆順

①

②

③

012【ṛ・哩・リ（キリ）】

字義◆神通《じんづう》

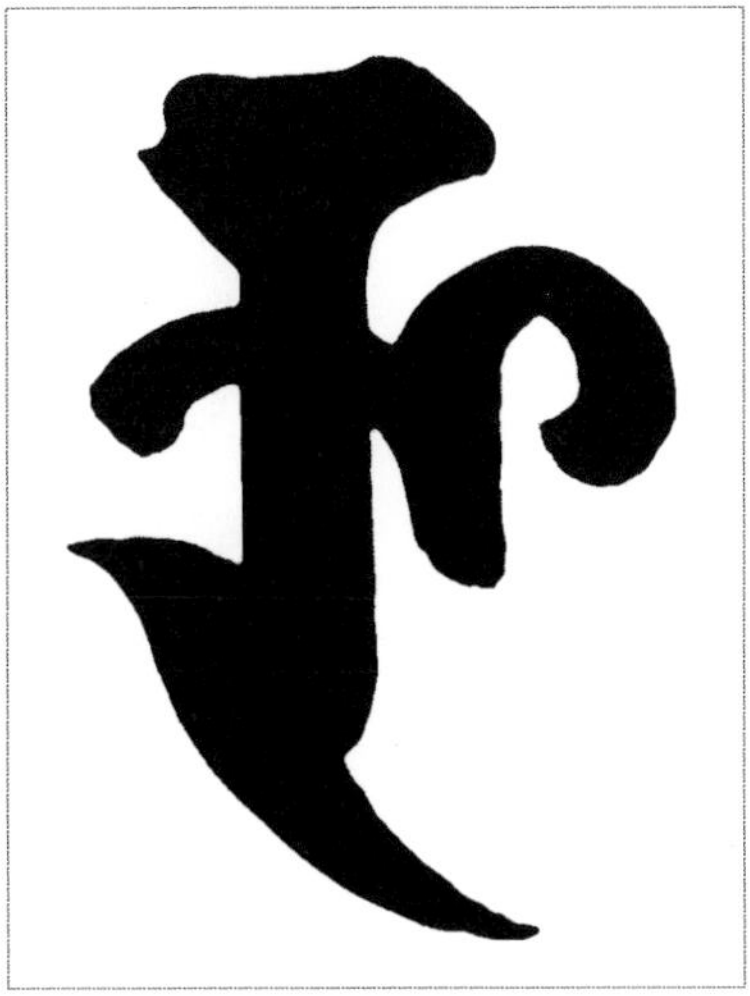

紇里・頡里・曷利などとも書く。別摩多《べつのまた》と呼ばれる特殊母音に分類される。字義は「神通《じんづう》」で原語はサンスクリット語の「ṛddhi」。『悉曇字記《しったんじき》』や一般的な字母表では他の特殊母音と共にアク（aḥ）字の後ろに置いていて十二摩多と区別しているが、『喩伽《ゆが》金剛《こんごう》頂《ちょう》経《ぎょう》釈《しゃく》字《じ》母《も》品《ぼん》』や『梵字《ぼんじ》悉曇《しったん》字《じ》母《も》并《ならびに》釈《しゃく》義《ぎ》』ではウー（ū）字の後ろに置かれ、摩多の中に含めている。サンスクリット語の辞書でもウー（ū）字の次になっており、通常の母音として扱われているため、本書でもしたがった。

他の書体

異体字

筆順

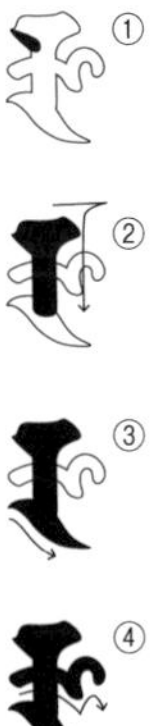

013 【ṛ・哩・リ（キリ）】

字義◆類例《るいれい》

紇梨・蹊梨・曷利などとも音写される。特殊母音である別摩多《べつのまた》の一つ。字義は「類例《るいれい》」とされるが、原語が明らかではなく、またサンスクリット語の辞書にもこの文字からはじまる単語はない。『密教大辞典』（法藏館）によれば、誤って「例」を意味する「dṛṣṭāna」の「ṛ」によって解釈した可能性があるという。

他の書体

異体字

筆順

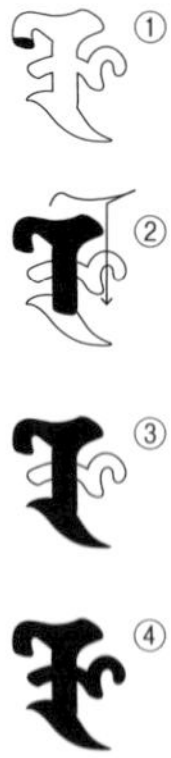

014【ḷ・唎・リョ（リ）】

字義◆染《ぜん》

里・哩・力・利・離などとも音写される。別《べつの》摩《ま》多《た》と呼ばれる特殊母音の一つ。字義の「染《ぜん》」について、『密教大辞典』（法藏館）は原語が明らかではないとするが、サンスクリット語の「lipta」に「染」の意味があり、種智院大学密教学会編『新・梵字大鑑』（法藏館）ではこれを採用している。

他の書体

筆順

015【ḹ・嚧・リョ（リ）】

字義◆沈没《じんもつ》

梨・離・力・利なども漢字音写される。別《べつの》摩多《また》と呼ばれる特殊母音の一つ。字義の「沈没《じんもつ》」について、リョ（ḷ）字同様『密教大辞典』（法藏館）では原語が明らかではないとするが、サンスクリット語「līna」に「沈」の意味があり、種智院大学密教学会編『新・梵字大鑑』（法藏館）ではこれを採用している。

他の書体

筆順

016【e・噎・エー】

字義◆求《ぐ》

藹・翳・衣などとも音写される。十二摩《ま》多《た》（通《つうの》摩《ま》多《た》）の一つで字義は「求《ぐ》」。原語はサンスクリット語の「eṣaṇā」。一《いっ》髻《けい》羅《ら》刹《せつ》は梵名を「エーカジャターラークシャサ（ekajaṭārakṣasa）」といい、種子はその頭文字を取ったものである。

種子

一《いっ》髻《けい》羅《ら》刹《せつ》

他の書体

異体字

筆順

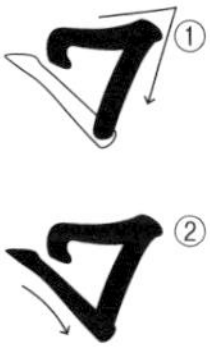

017

【ai・愛・アイ】

字義◆自在《じざい》

藹・哀などとも書く。十二摩多《また》（通摩多《つうのまた》）の一つ。エー（e）にワラビ形点を付けて表記する。字義の「自在《じざい》」は、サンスクリット語で「自在」を意味する「aiśvarya」によるもの。七母天《しちもてん》の一人である帝釈女の種子として、そのサンスクリット名「アインドリー（aindrī）」の頭文字であるこの文字があてられている。

種子

帝釈女《たいしゃくにょ》（帝釈天妃《たいしゃくてんひ》）

他の書体

異体字

筆順

018【o・汚・オー】

字義◆瀑流《ぼうる》

汙・奥・襖・鄔・鴎などとも音写される。十二摩多《また》（通摩多《つうのまた》）の一つ。字義「瀑流」は「水流」「奔流《ほんりゅう》」等を意味する「ogha」から定められたもの。忿怒《ふんぬ》鉤《こう》観音の種子の一つとされている。

種子

忿怒《ふんぬ》鉤《こう》観音

他の書体

異体字

筆順

019【oṃ・唵・オン】

オー（o）字に空点《くうてん》を付したもの。古来インドで神聖視された語で、密教では多くの真言・陀羅《だら》尼《に》の冒頭にこの語が用いられる。ア（a）字・ウ（u）字・マ（ma）字の三字合成《ごうじょう》の字とされ（サンスクリットの連声《れんじょう》法ではa＋uはoとなる）、これらの音は十二摩多《また》の初・中・後を代表するものであるから、この字がすべての文字を代表する文字であり、無量の功徳を有すると考えられている。「帰命《きみょう》」「供養」などを意味し、またこの文字を対象とした観法《かんぼう》（瞑想法）、唵字観においては、ア（a）字・ウ（u）字・マ（ma）字の三字をそれぞれ法身・報身・応身の仏の三身に配し、一切諸仏はこの聖語を観じることによって成仏すると解釈される。

種子

虚空庫菩薩・虚空蔵菩薩・金剛華《こんごうけ》菩薩・金剛薩埵《さった》・金剛宝菩薩・穰麌梨童女《じょうぐりどうじょ》・大日如来（金剛界）・白傘蓋仏母《びゃくさんがいぶつも》・不空供養宝菩薩

他の書体

異体字

020【au・奥・アウ】

字義◆化生《けしょう》

燠・懊・炮などとも漢字音写される。十二摩多《また》（通摩多《つうのまた》）の一つで字義は「化生」。原語はサンスクリット語の「aupapāduka」。オー（o）字の右下に点を打って表記する。

他の書体

異体字

筆順

①

②

021 【ka・迦・キャ（カ）】

字義◆作業《さごう》

体文《たいもん》の最初の文字。五類声《ごるいしょう》第一句、喉音《こうおん》の一番目。喉音《こうおん》とは、口腔の上部（口蓋）の奥にある柔らかい部分（軟口蓋）に後舌面を接触させて発音する軟口蓋音を指す。キャ（ka）字はこの軟口蓋音のうち、清音で無気音をあらわす文字である。羯・訖・箇なども音写される。字義は「作業」でサンスクリット語の「kārya」を原語とする。

種子

阿爾多《あじた》・阿波羅爾多《あはらじた》・閻魔天・器手天・器手天后・巨蟹宮《きょかいくう》・黒夜天・金剛明王・十一面観音・善《ぜん》膩師《にし》童子・惹耶《じゃや》・少女宮《しょうにょくう》・除憂冥《じょうみょう》菩薩・大勇猛《だいゆうみょう》菩薩・都牟盧《とむろ》・日光菩薩・如来悲菩薩・如来宝菩薩・微惹耶《びじゃや》・不空見菩薩・普賢延命《ふげんえんめい》菩薩（大安楽真実菩薩）・普賢《ふげん》菩薩・忿怒鉤《ふんぬこう》観音・宝冠菩薩・馬鳴《めみょう》菩薩・禄存星《ろくぞんしょう》 他

他の書体

筆順

022 【kaṃ・劍・ケン（キャン・カン）】

見・鑑・建なども漢字音写する。キャ（ka）字に空点《くうてん》を打って表記する。この文字を種子とする金剛業菩薩《こんごうごうぼさつ》は、金剛界三十七尊中の十六大菩薩の一人。戦鬼《せんき》は胎蔵曼荼羅最外院《さいげいん》北門の東側に位置する。

種子

金剛業《こんごうごう》菩薩・戦鬼《せんき》

他の書体

023

【ki・枳・キ】

己・紀・機・頡などとも書く。キャ（ka）字にイ（i）点を付して表記する。歌天は梵名を「ギーターデーヴァター（gītādevatā）」といい通常「gī」を種子とするが、歌神である緊那羅《きんなら》と同一視されることがあり、その場合この文字が種子としてあてられる。

種子

歌天・緊那羅《きんなら》

他の書体

024
【kiṃ・緊・キン】

キャ（ka）字にイ（i）点を付し、さらに空点《くうてん》を打って音節末を鼻音にしたもの。この文字を種子とする緊那羅《きんなら》は天龍八部衆《てんりゅうはちぶしゅ》の一人で、歌神・伎神・楽神などとされる。

種子
緊那羅《きんなら》

他の書体

025

【ku・矩・ク（コウ）】

倶・句・屨・窶・拘などとも書く。キャ（ka）字にウ（u）点を付けて表記する。ウ（u）点は文字の下に付すため、字母は切継半体上部の形となる。また鶯点《うぐいすてん》と雲形点《くもがたてん》の別は文字によって限定される場合があるが、この文字の場合は理論上どちらを選んでも誤りではない。ただ、調査した限りの資料においては雲形点を用いているものしか見られなかったため、ここでは雲形点《くもがたてん》の字体のみ示す。

種子

鳩槃荼《くばんだ》・倶肥羅《くびら》・倶摩羅《くまら》天・賢瓶宮《けんびょうくう》・金剛面天（猪頭《ちょず》天）・蓮花軍荼利《ぐんだり》

他の書体

026
【kuṃ・捃・クン】

キャ（ka）字にウ（u）点を付け、さらに空点《くうてん》を打って音節末を鼻音にしたもの。ク（ku）字同様、資料に見られるもののほとんどが雲形点である。

種子

金剛軍荼利《こんごうぐんだり》菩薩

他の書体

027【kṛ・訖里・キリ】

訖哩・訖嘌・吉利・吉攞なども音写される。キャ（ka）字に別摩多《べつのまた》（特殊母音）、リ（ṛ）の半体を付して表記する。リ（ṛ）の半体もウ（u）点同様文字の下部に付けるため、付けられる文字は半体上部となる。リ（ṛ）は伝統的な梵字の伝承上特殊な母音として扱われており、悉曇《しったん》十八章においては第十六章がこのリ（ṛ）を切り継ぐ章となっている。この文字を種子とする昴宿《ぼうしゅく》は二十八宿と呼ばれる星々の一つで、胎蔵曼荼羅最《さい》外院《げいん》や北斗曼荼羅などに書かれている。

種子

髻設尼童子《けいしにどうじ》・地慧童子《じえどうじ》・昴宿《ぼうしゅく》

他の書体

028【kṛṭ・訖里吒・キリタ】

キャ（ka）字の半体上部に別摩多《べつのまた》（特殊母音）、リ（ṛ）の半体を付してキリ（kṛ）とし、さらにタ（ta）字の母音を取って合わせた文字。金剛舞菩《ぶ》薩の種子。

種子

金剛《こんごう》舞《ぶ》菩薩

他の書体

029
【ke・計・ケイ】

計・稽・罽・雞・薊などと書かれることもある。キャ(ka)字にエー(e)点を付けて表記する。髻設尼《けいしに》童子は文殊五使者の一人で、梵名「ケイシニー(kecinī)」の頭文字であるこの文字が種子となっている。計都星《けいとせい》は、地球から見た月の軌道(白道《はくどう》)と太陽の軌道(黄道《こうどう》)が交わる二カ所の点のうち、月が北から南へ越える降交点を架空の天体としたインド天文学に由来するもの。異説に計都星を彗星・流星とするものもある。やはり梵名「ケートゥ(ketu)」の頭文字が種子となっている。

種子
髻設尼《けいしに》童子・計都星《けいとせい》・金剛明王

他の書体

030

【koṃgla・矜羯羅・コンガラ】

矜迦羅とも書く。矜羯羅《こんがら》童子の「コンガラ」という音を示す梵字、コン（koṃ）とガラ（gla）を一文字に合成《ごうじょう》した特殊な梵字。矜羯羅《こんがら》童子の梵名は「キンカラ（kiṃkara）」であることからも、日本でつくられた種子の可能性もある。このような特殊な梵字は他にも多くの例がある。矜羯羅《こんがら》童子の種子は、通常ザラ（jra）・タラ（tra）などが用いられる。

種子　矜羯羅《こんがら》童子

他の書体

031

【kau・矯・コウ（カウ）】

憍・嬌などとも書く。キャ（ka）字にアウ（au）点を付けて表記する。嬌末離《こうまり》は鳩摩利《くまり》ともいい、倶摩羅天《くまらてん》の妃、また嬌吠離《こうべいり》は倶肥羅天《くびらてん》の妃で、共に七母天《しちもてん》に数えられる。種子はどちらもそれぞれの梵名「コウマーリー（kaumārī）」・「コウベイリー（kauverī）」の頭文字。

種子

嬌末離《こうまり》（倶摩羅天妃《くまらてんひ》）・嬌吠離《こうべいり》（倶肥羅女《くびらにょ》）

他の書体

032【kṣa・乞灑・キシャ（サ）】

字義◆盡《じん》

乞叉・訖灑・葛叉・叉なども音写される。キャ（ka）字の半体上部にシャ（ṣa）字の半体下部を合成《ごうじょう》したもの。二つの文字を合成した文字であるため厳密には字母とはいえないが、異なる二つの文字が合成した文字（異体重字）の一例を示すものとして、伝統的に字母表に加えられ、字義を与えられている。字義は「減少」「喪失」などを意味する「kṣaya」に由来する。

種子

金剛牙《げ》菩薩・忍辱《にんにく》波羅蜜《はらみつ》菩薩・広目天

他の書体

筆順

033

【kṣaṃ・乞鑁・キセン（キサン・サン）】

他に吃釤・乞參・乞懺などと漢字音写される。キシャ（kṣa）字に空点《くうてん》を打って表記する。十波《じゅっぱ》羅蜜《らみつ》菩薩の一人である忍辱波羅蜜《にんにくはらみつ》菩薩の種子。同菩薩の梵名、「クシャーンティパーラミター（kṣāntipāramitā）」の頭文字に由来する。

種子　忍《にん》辱《にく》波《は》羅《ら》蜜《みつ》菩薩・金剛無勝結護者

他の書体

034【kha・佉・キャ】

字義◆等空《とうくう》

漢字音写は竭・朅・渇ともされる。体文《たいもん》の二番目の文字。字母表では五類声《ごるいしょう》第一句、喉音《こうおん》の二番目に置かれる。清音で有気音。密教で万物の根源とする、地・水・火・風・空・識の六大のうち空大の種子とされ、卒塔婆《そとば》などにも書かれる。字義は「等空」で原語はサンスクリット語の「kha」。

種子

金剛愛菩薩・相向《そうごう》守護・不可越《ふかおつ》守護・慢金剛菩薩・空大

他の書体

筆順

035

【khaṃ・欠・ケン（キャン・カン）】

キャ（kha）字に空点《くうてん》を付して音節末を鼻音にしたもの。空《くう》をあらわすキャ（kha）字に、さらに空点《くうてん》を打った文字であり、あらゆる現象を包括する大空《だいくう》を象徴するとされる。一切如来智印（一切遍知印）・大日如来・仏眼仏母《ぶつげんぶつも》の種子。

種子

一切如来智印（一切遍知印）・金剛無勝結護者・大日如来（胎蔵）・仏眼仏母《ぶつげんぶつも》・空大

他の書体

036【khā・佉引・キャー】

キャ（kha）の長音で、キャ（kha）字にアー（ā）点を付けて表記する。六観音の一尊、馬頭観音の種子として用いられることがある。馬頭観音の種子は通常カン（haṃ）とされるが、噉食《だんじき》（がつがつと食らうこと）を意味するサンスクリット語「khāda」からこの字があてられることがある。馬頭観音は観音の中でも特に慈悲深く、飢えた馬が水草を貪るように、人々の煩悩を噉食《だんじき》することに余念がないとされている。

種子

馬頭観音

他の書体

037

【khya・企也・キヤ（カヤ・キャヤ）】

迦夜とも書く。キャ（kha）字とヤ（ya）字の合《ごう》成《じょう》字。悉曇十八章では、第二章が各体文の上半体にヤ（ya）字の下半体を合成する章となっている。金剛歌菩薩の種子の一つ。金剛界曼荼羅中三《さん》昧《ま》耶《や》会《え》においてはこの文字が用いられる。

種子

金剛歌菩薩

他の書体

038【ga・誐・ギャ（ガ）】

字義◆行《ぎょう》

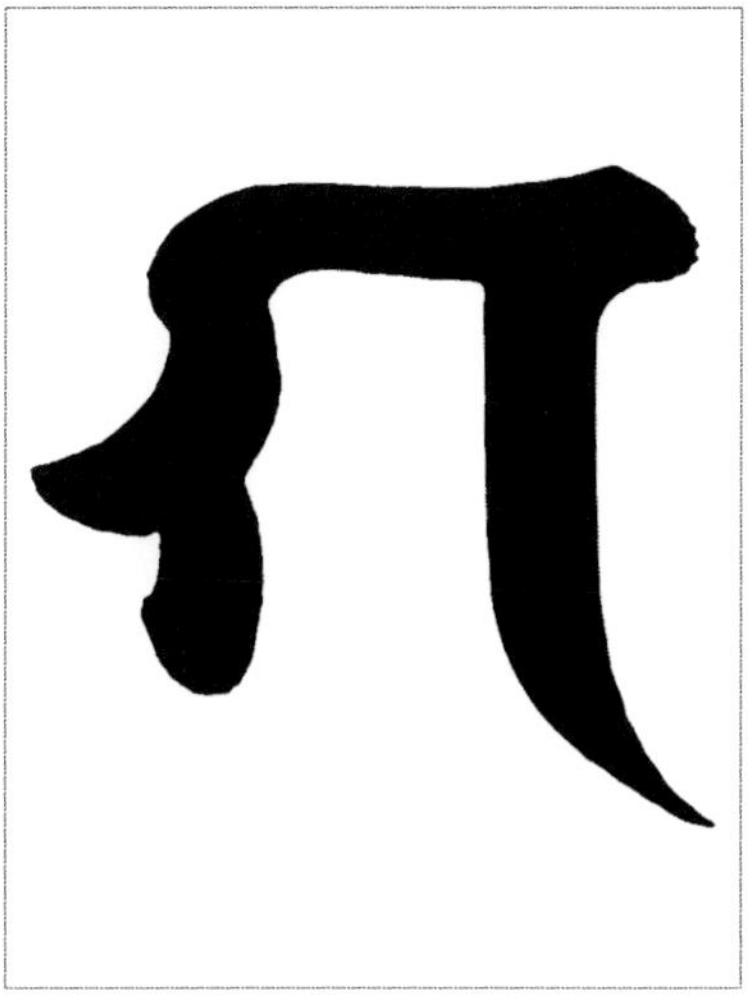

我・俄・哦・竭・仰などと音写する例もある。体文《たいもん》の三番目の文字で、五類声《ごるいしょう》第一句に分類される。喉音《こうおん》の三番目、濁音で無気音。字義の「行《ぎょう》」は、「行動」「進行」などを意味する「gati」が原語である。

種子

伽耶迦葉《がやかしょう》・迦楼羅《かるら》・香王菩薩・生念処《しょうねんじょ》（清浄《しょうじょう》慧《え》）菩薩・塗香《ずこう》供養菩薩・仏眼仏母《ぶつげんぶつも》・無垢逝《むくぜい》菩薩

他の書体

筆順

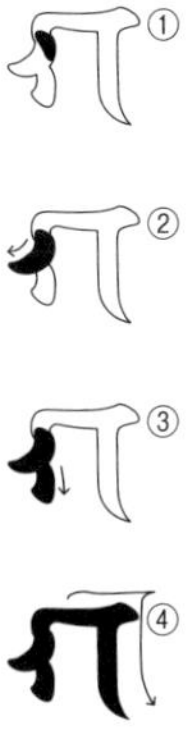

039

【gaṃ・儼・ゲン（ギャン・ガン）】

儉・嚴・獻などの音写もみられる。ギャ（ga）字に空点《くうてん》を付して音節末を鼻音にしたもの。この文字を種子とする仏眼仏母《ぶつげんぶつも》は仏眼尊《ぶつげんそん》ともいい、智恵を生じる仏の眼相を人格化した尊格。説かれる経典によって、大日如来所変・釈迦如来所変・金剛薩埵《さった》所変の三種がある。種子も複数あるが、このゲン（gaṃ）字、あるいは前項のギャ（ga）字は仏眼仏母の別名、「虚空眼」の「虚空」を意味するサンスクリット「gagana」に由来すると考えられる。

種子

香王菩薩・仏眼仏母《ぶつげんぶつも》

他の書体

040
【gaḥ・虐・ギャク】

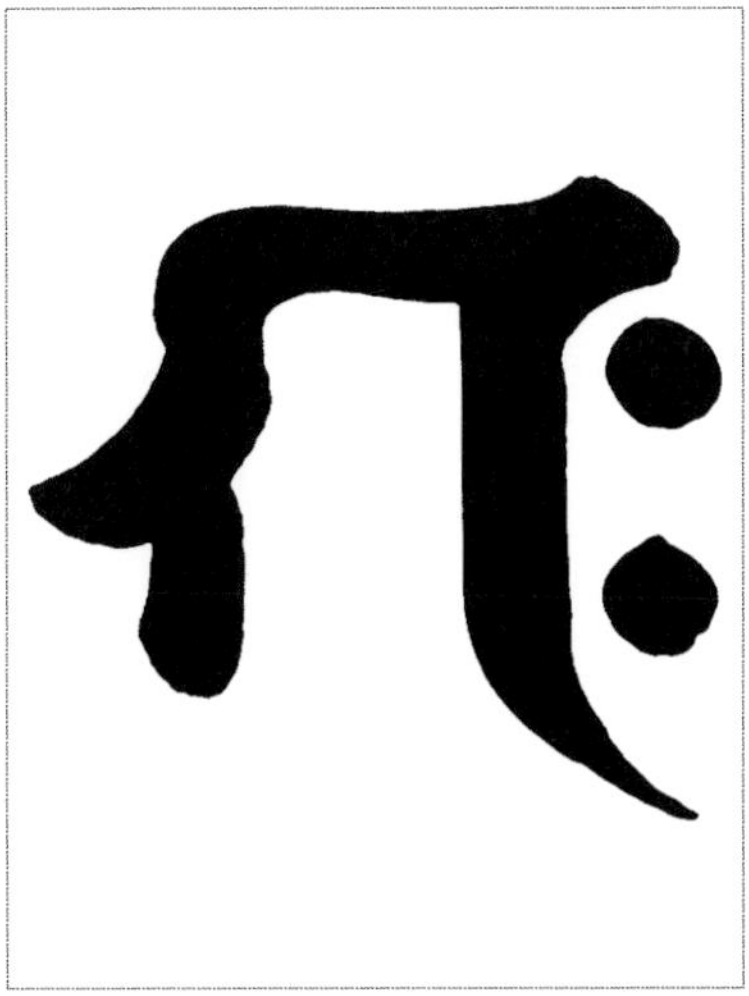

ギャ（ga）字に涅槃点を付し、音節末を止音にしたもの。歓喜天《かんぎてん》（聖天）は梵名を「ガナパティ（gaṇapati）」あるいは「ガネーシャ（gaṇeśa）」といい、その頭文字に涅槃点を付けたこの文字が種子とされている。金剛塗香《ずこう》菩薩は金剛界三十七尊中の八供養菩薩（外の四供養）。

種子

歓喜天《かんぎてん》（聖天）・香象菩薩・金剛塗香《ずこう》菩薩

他の書体

041

【gaḥgaḥ・虐虐・ギャクギャク】

ギャク（gaḥ）を二つ並べたもので歓喜天《かんぎてん》（聖天）の種子。歓喜天《かんぎてん》（聖天）には様々な形象があり、その内の双身の尊像をあらわす際に二字並べる。

種子

歓喜天《かんぎてん》（聖天）

他の書体

042【gī・儗・ギー】

疑・擬・宜・耆・祇なども漢字音写される。ギャ（ga）字にイー（ī）点を付けたもの。歌天の種子で、由来はその梵名「ギーターデーヴァター（gītādevatā）」。

種子

歌天

他の書体

043

【gīḥ・擬翼・ギーク】

平安時代の学僧、明覚《めいかく》著の『悉曇要訣《しったんようけつ》』では「擬翼」と漢字音写している。ギー（gī）に涅槃点を付したもの。金剛界三十七尊中の八供養菩薩（内の四供養）の一尊、金剛歌菩薩の種子。金剛歌菩薩は梵名を「ヴァジュラギーター（vajragītā）」といい、種子は梵名中「歌」をあらわす「ギーター（gītā）」に由来すると考えられる。

種子

金剛歌菩薩

他の書体

044
【gu・虞・グ】

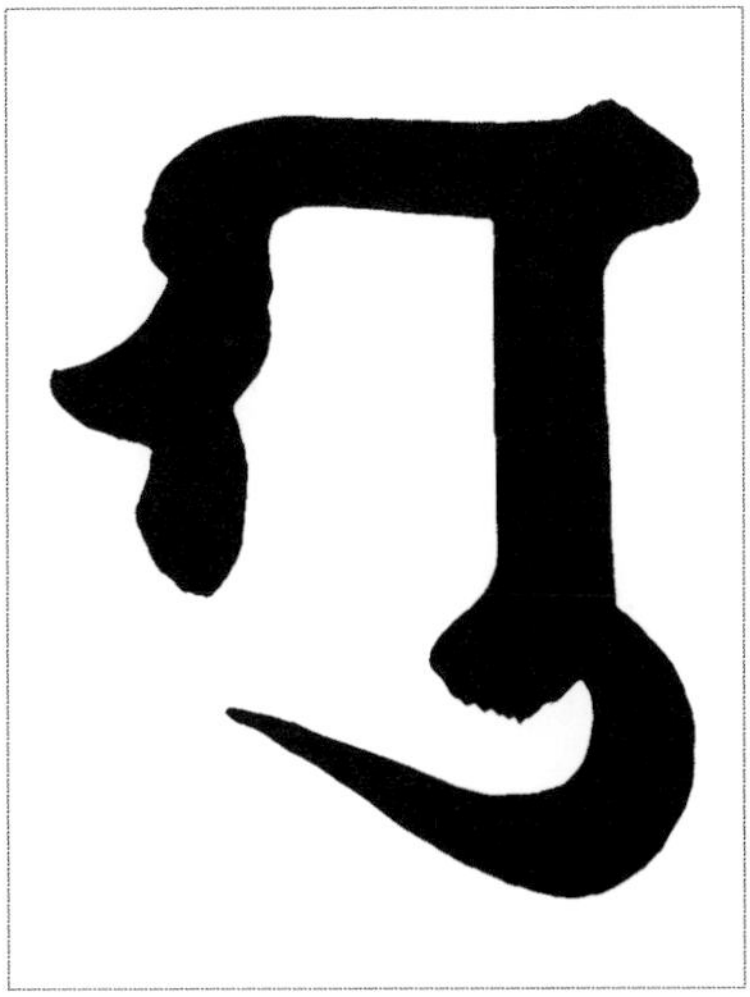

遇という漢字音写も見られる。ギャ（ga）字にウ（u）点を付けたもの。この文字を種子とする金剛摧砕天《こんごうざいさいてん》は、金剛界曼荼羅の外周に配される外金剛部二十天の一尊。本来の梵名は「ヴァジュラビキラナ（vajravikiraṇa）」だが、別名を「グーダヴィナーヤカ）（gūḍhavināyaka）」といい、種子はこの別名に由来すると思われる。

種子
金剛摧砕天《こんごうざいさいてん》

他の書体

045【gṛ・仡哩・ギリ】

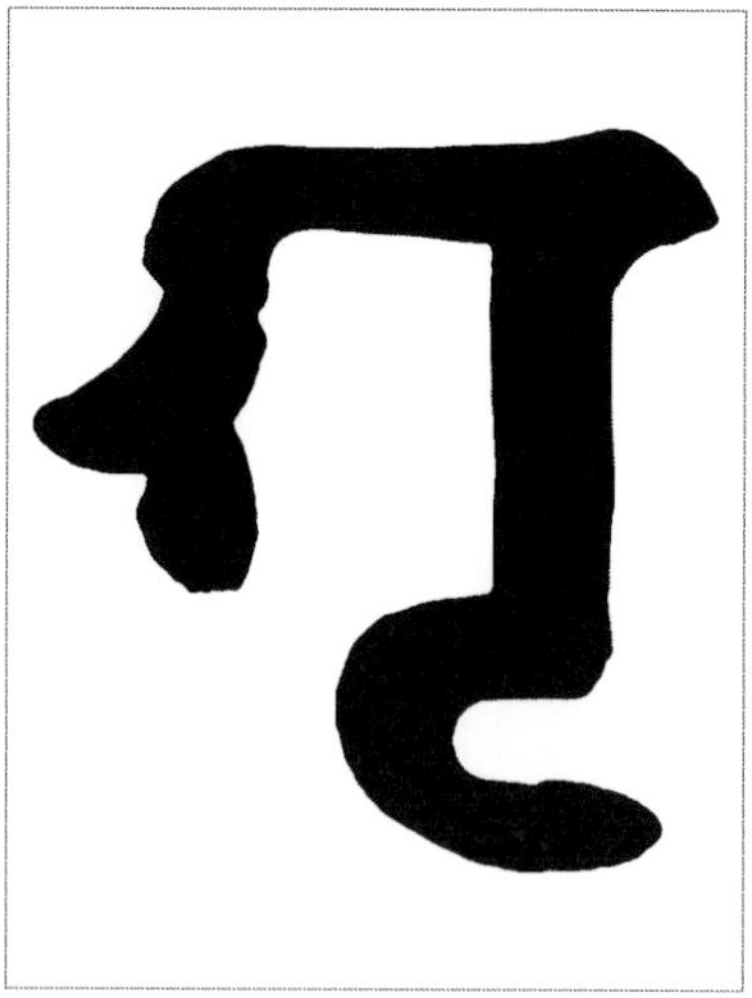

誐里・疑哩・蘖哩とも漢字音写される。ギャ（ga）字に別摩多《べつのまた》（特殊母音）、リ（ṛ）の半体を付して表記する。リ（ṛ）の半体は文字の下部に付けるため、ギャ（ga）字は半体上部の形になる。孫婆《そんば》菩薩の種子の一つ。胎蔵曼荼羅に描かれる孫《そん》婆《ば》菩薩は降三世明王と同体とされるが、姿は降三世明王と異なる。

種子
孫婆《そんば》菩薩

他の書体

046

【go・瞿・ゴウ】

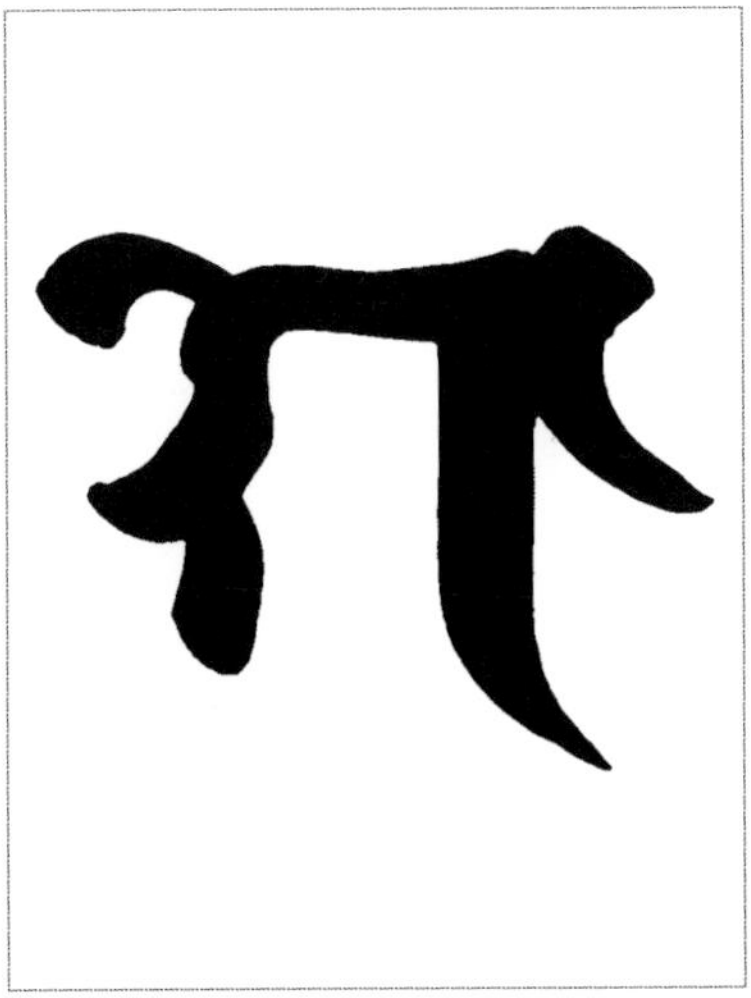

遇という漢字音写も見られる。ギャ（ga）字にオー（o）点を付して表記する。金剛摧砕天《こんごうざいさいてん》の種子はグ（gu）同様別名に由来すると思われる。瞿《く》曇仙《どんせん》は梵名を「ゴータマ（gotama）」といい、火天の眷属で『大日経疏』では釈迦族（釈迦出身の部族）の祖先であるとする（釈迦の姓は「ゴータマ（gotama）」）。

種子　金剛摧砕天《こんごうざいさいてん》・瞿曇仙《くどんせん》

他の書体

047

【gau・澆・ゴウ（ガウ）】

ギャ（ga）字にアウ（au）点を付して表記する。ゴウ（go）と同じく瞿曇仙《くどんせん》の種子として用いられることがある。

種子

瞿曇仙《くどんせん》

他の書体

048【gha・伽・ギャ（ガ）】

字義◆一合《いちごう》

体文《たいもん》の四番目の文字で、五類声《ごるいしょう》第一句に分類される。喉音《こうおん》の四番目、濁音で有気音。誐などとも書く。字義は「一合」で原語は「ghana」あるいは「ghaṭana」。

他の書体

筆順

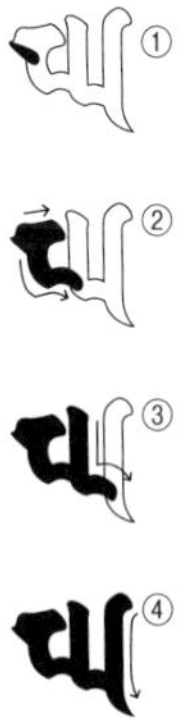

049【ṅa・仰・ギャウ（ギャ・ガ）】

字義◆支分《しぶん》

漢字音写を、哦・我・俄・餓・呀・語などとする資料もある。体文《たいもん》の五番目の文字。五類声《ごるいしょう》第一句、喉音《こうおん》の鼻音に分類される。字義は「支分《しぶん》」で原語はサンスクリット語で支分・部分・要素などを意味する「aṅga」。この文字は字母そのものにアー（ā）点と同じ形の画を含んでいる。そのため同じ形の画を含む点画、アー（ā）点・オー（o）点・アウ（au）点を付す場合、その画の形を変えることによって付したことにするため注意が必要である。この規則は、やはり字母にアー（ā）点と同じ形の画を含むジャ（ja）字やタ（ta）字にも適用される。

他の書体

異体字

筆順

050
【ṅaṃ・喭・ゲン（ギャン・ガン）】

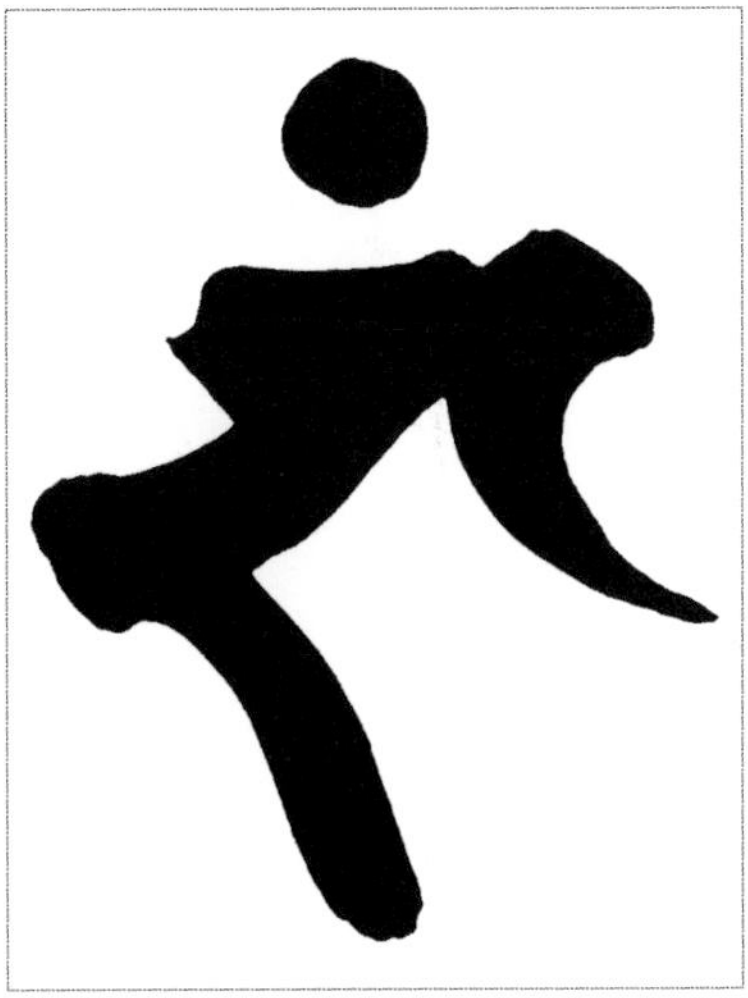

嚴・儼なども音写される。ギャ（ṅa）字に空《くう》点《てん》を打って音節末を鼻音にしたもの。胎蔵曼荼羅の地蔵院に描かれる地持《じじ》菩薩の種子とされる。

種子

持地《じじ》菩薩

他の書体

異体字

051

【ca・遮・シャ（サ）】

字義◆遷変《せんべん》

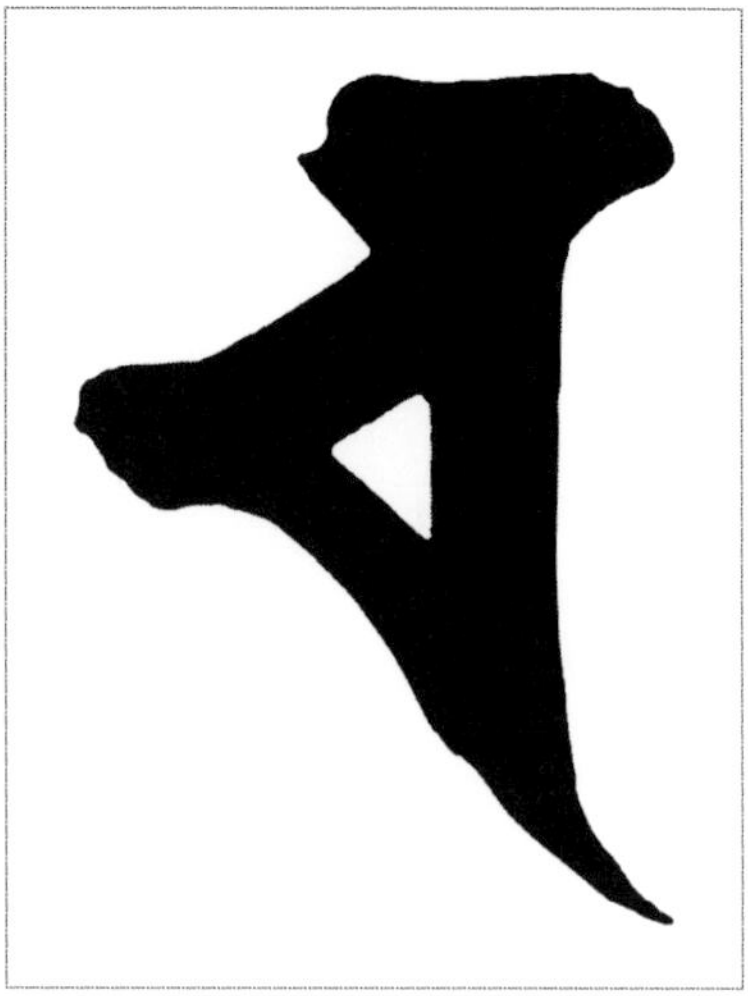

左・者・赭などと書く資料もある。体文《たいもん》六番目の文字で五類声《ごるいしょう》第二句、顎音《がくおん》に分類される。顎音とは、舌の前面あるいは中面を口蓋前部の硬い部分、硬口蓋に接触させて発音する硬口蓋音のこと。シャ（ca）は顎音の一番目に配される清音で無気音。字義は「死」「損失」などを意味するサンスクリット語「cyuti」より「遷変《せんべん》」とされている。

種子

月光《がっこう》菩薩・月天《がってん》・月曜《がつよう》・共発意転輪《ぐほっいてんりん》菩薩・金剛輪持菩薩・遮文荼《しゃもんだ》

他の書体

筆順

052
【caṃ・占・セン（サン）】

シャ（ca）字に空点《くうてん》を付して音節末を鼻音にしたもの。この文字を種子とする月光《がっこう》菩薩は梵名「チャンドラプラバ（candraprabha）」といい、月の光を尊格化したもの。薬師如来の脇侍として知られ、また胎蔵曼荼羅の文殊院に配され、金剛界曼荼羅では賢劫十六尊の一人として描かれる。月天《がってん》の梵名は「チャンドラ（candra）」といい、十二天の一人で月光《がっこう》菩薩とは別の尊。胎蔵曼荼羅では種子をセン（caṃ）とし最外院に描かれ、金剛界曼荼羅では外金剛部にその姿が見られる。

種子

月光《がっこう》菩薩・月天《がってん》

他の書体

053

【caḥ・灼・シャク】

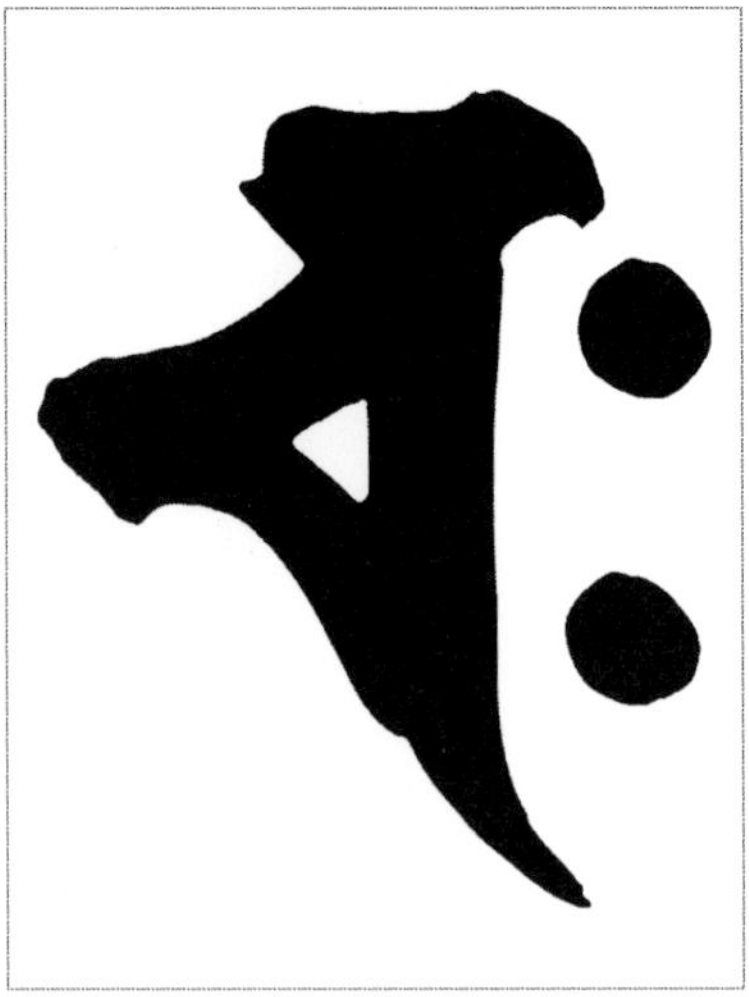

斫とも漢字音写される。シャ（ca）字に涅槃点を付して音節末を止音にしたもの。金剛界曼荼羅の供養会における金剛語菩薩の種子として用いられることがある。

種子

金剛語菩薩

他の書体

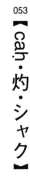

054
【ci・支・シ】

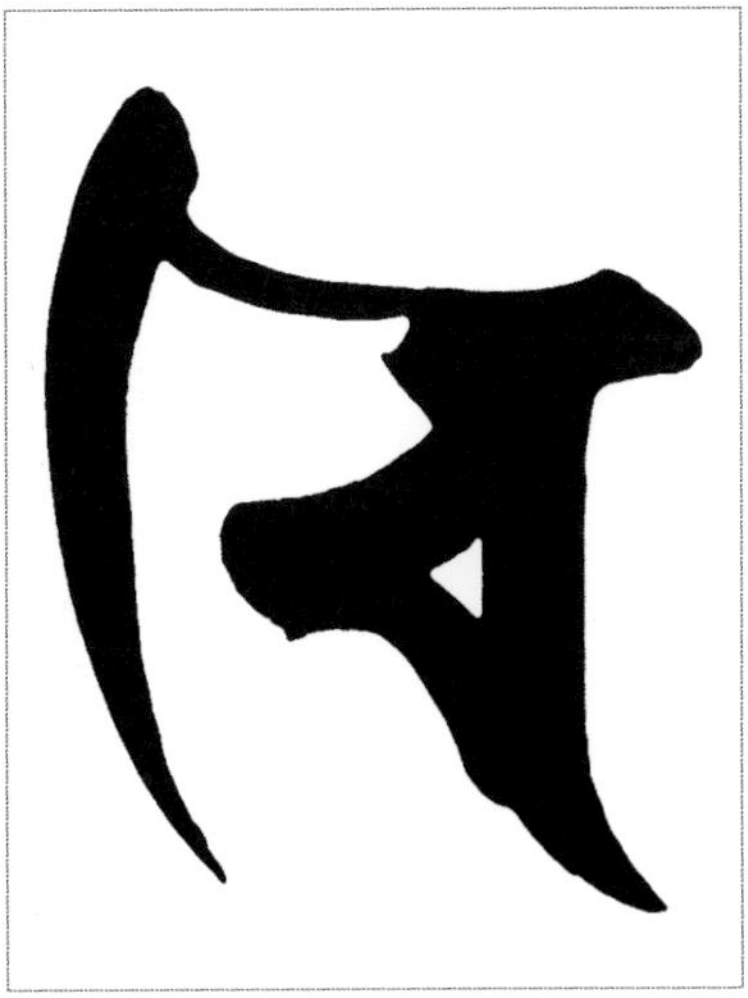

シャ（ca）字にイ（i）点を付し、母音をイ（i）にしたもの。この文字には異なる漢字音写が大変多く、浄厳《じょうごん》の『悉曇三密鈔《しったんさんみつしょう》』にも斯・氏・訾・肢・施・尸・脂・旨・思・紙・只・紫・資・止などの漢字が列挙されている。他の資料にも指など『悉曇三密鈔《しったんさんみつしょう》』に挙げられる以外の漢字音写も見られる。

種子
角宿《かくしゅく》・太山府君《たいせんぶくん》

他の書体

055

【clhyiṃ・室哩頡焔・シリキエン】

シャ（ca）・ラ（la）・カ（ha）・ヤ（ya）の四字を合成《ごうじょう》し、イ（i）点と空点《くうてん》を加えた文字。一髻《いっけい》文殊《もんじゅ》の種子として用いられる。一髻《いっけい》文殊《もんじゅ》の種子については異なる文字を合成してつくられた文字が複数ある。異体字①に挙げた文字は実運の『玄秘抄』（大正蔵七八）に見られる文字で、「crhyīṃ」とローマナイズされるべきものである。また異体字②は成賢の『薄双紙』に挙げられるもので、「cchrkyīṃ」であるが、煩瑣を避けるためにこの項に収めた。見出しの文字・漢字音写は澄禅著『種子集《しゅじしゅう》』のもの。

種子

一髻《いっけい》文殊《もんじゅ》

他の書体

異体字

①

②

056【cha・磋・シャ（サ）】

字義◆影像《ようぞう》

体文《たいもん》七番目の文字で五類声《ごるいしょう》第二句、顎音《がくおん》の二番目。清音で有気音。車・捙・瑳なども漢字音写される。字義は「影像《ようぞう》」で原語はサンスクリット語で「影」「反射」「像」などを意味する「chāyā」。

他の書体

異体字

筆順

057
【ja・惹・ジャ（ザ）】

字義◆生《しょう》

若・社・諾・闍などとも漢字音写される。体《たい》文《もん》八番目の文字で五類声《ごるいしょう》第二句、顎音《がくおん》の三番目。濁音で無気音。字義はサンスクリット語で「誕生」「生命」「存在」などを意味する「jāti」から「生」とする。

種子

惹耶《じゃや》・調伏天《ちょうぶくてん》・不空金剛菩薩・宝生《ほうしょう》如来

他の書体

異体字

筆順

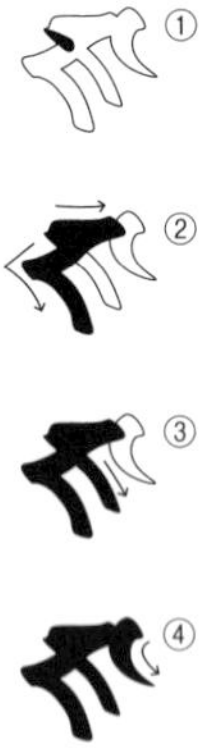

058

【jaṃ・髯・ゼン（ザン）】

染・漸・穣などの漢字音写もある。ジャ（ja）字に空点《くうてん》を付けたもの。空点は音節末の鼻音をあらわす。この文字を種子とする光網菩薩は網明菩薩ともいい、胎蔵曼荼羅では文殊院に配され、金剛曼荼羅では賢劫十六尊の一尊として描かれる。

種子

光網菩薩・宝処菩薩

他の書体

異体字

059

【jaḥ・弱・ジャク】

惹・若とも漢字音写される。ジャ（ja）字に涅槃点を付け、音節末を止音にしたもの。金剛界三十七尊中、十六大菩薩に数えられる金剛王菩薩や四摂《ししょう》菩薩の一尊である金剛鉤《こう》菩薩、また賢劫十六尊中の光網菩薩など、重要な尊格の種子として用いられている。

種子

烏枢沙摩《うすさま》明王・金剛王《こんごうおう》菩薩・金剛鉤《こんごうこう》菩薩・金剛《こんごう》摧砕天《ざいさいてん》・網明菩薩・慾金剛菩薩・力波羅蜜菩薩・不空金剛菩薩

他の書体

異体字

060【jī・爾・ジ】

浄厳《じょうごん》の『悉曇三密鈔《しったんさんみっしょう》』には、耳・餌・而・時・似・市・詞・字など多くの漢字音写が挙げられている。母音をイ（i）にするため、ジャ（ja）字にイ（i）点を付けた文字。この文字を種子とする金《こん》剛《ごう》舞《ぶ》菩薩は、金剛界三十七尊中の八供養菩薩（内の四供養）。成身会《じょうしんね》などではキリタ（kṛt）となっているが、三昧耶会《さんまやえ》ではこの字が用いられる。

種子　金剛《こんごう》舞《ぶ》菩薩・出現智菩薩・蘇悉地羯羅《そしっちきゃら》菩薩・如《にょ》来舌《らいぜつ》菩薩

他の書体

異体字

061

【je・逝・ゼイ】

ジャ（ja）字にエー（e）点を付けた文字。母音がア（a）からエー（e）となり、ゼイ（je）をあらわす文字となる。誓などとも音写する。二十八宿の一つ、心宿の種子。心宿は梵名を「ジェーシュター（jyeṣṭā）」といい、その頭文字の一部が種子として用いられている。

種子

心宿

他の書体

異体字

062

【jo・儒・ゾウ】

茹という漢字音写もある。ジャ（ja）字にオー（o）点を付けて表記する。オー（o）点は通常、エー（e）点とアー（ā）点の組み合わせであるが、この文字にはそもそもアー（ā）点と同じ形の画があるため、その画の形を変えることでアー（ā）点とする。異体字の場合もアー（ā）点は付さず、字母の最終画の終筆部を上部に上げて表記する。

この文字は星宿神である十《じゅう》二《に》宮《くう》の通種子として用いられることがある。

種子

十《じゅう》二《に》宮《くう》の通種子

他の書体

異体字

063

【jña・若・ニャ(ジャ)】

漢字音写については、枳孃・枳攘・惹拏・若拏・若那・枳惹など、この音を二文字で音写する例も多く見られるが、よく知られている般若(prajñā)という単語の若という音写が一般的であろう。ジャ(ja)字とジャ(ña)字の合成字《ごうじょう》。梵字の綴字法《ていじほう》の原則に従えば、本来異体字②のように記すべきで、読み方も「アジャジャ」となると考えられる。悉曇十八章では原則の通りに綴字《ていじ》するが、種子としては伝統的にこの字体が用いられている。悉曇《しったん》十八章では第十七章で建立《こんりゅう》する。

種子

智拘絺羅《ちくちら》菩薩・智波羅蜜菩薩・般若菩薩・無尽《むじん》意《に》菩薩

他の書体

異体字

064
【jye・逝・ジエイ（ゼイ）】

巂・爾曳などの漢字音写もみられる。ジャ（ja）とヤ（ya）の合成《ごうじょう》字にエー（e）点を加えた文字で悉曇十八章の第二章で建立する。ジャ（ja）字の半体上部にヤ（ya）字の半体下部を切り継ぐが、ヤ（ya）字の半体下部に異体がある。心宿の種子はゼイ（je）が用いられるが、心宿の梵名は「ジェーシュター（jyeṣṭā）」であるため、この文字も種子とされる。

種子
心宿

他の書体

異体字

065

【jra・日羅・ジャラ（ザラ）】

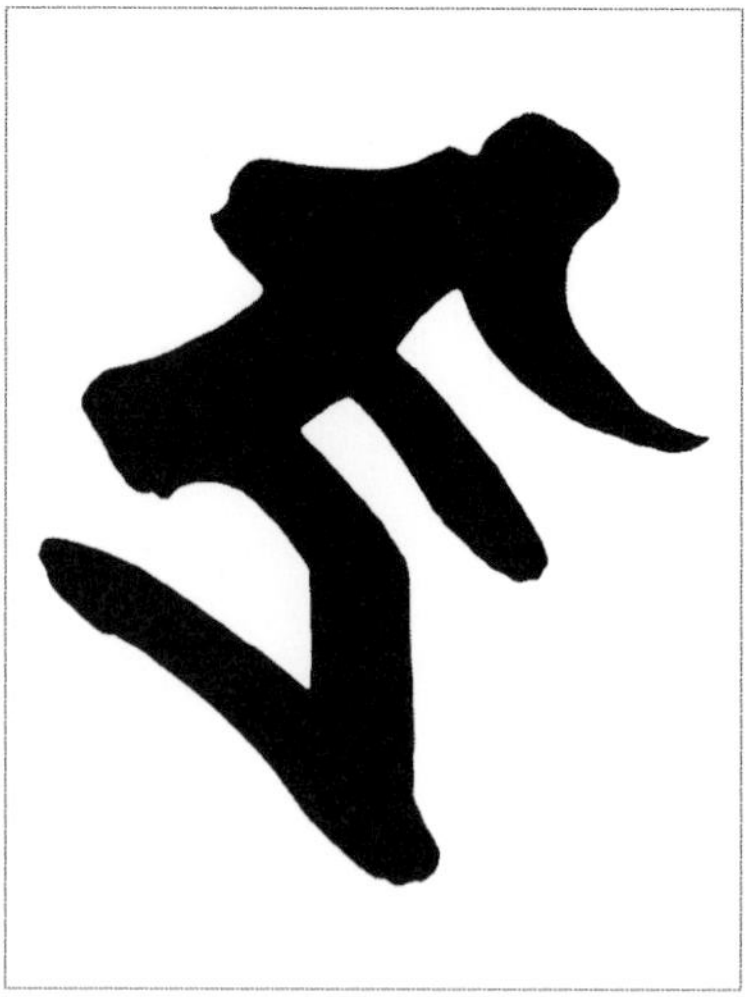

日囉・折羅なども音写される。ジャ（ja）字の半体上部にラ（ra）字の半体下部を合成《ごうじょう》したもので、悉曇《しったん》十八章の第三章の文字。不動明王の脇侍の一人、矜羯羅《こんがら》童子の種子の一つ。また密教で極めて堅いものの譬えなどとして用いられる「金剛」を意味するサンスクリット語、「バザラ（vajra）」の「ザラ（jra）」がこの文字であることから、尊名や真言などに頻繁にあらわれる。

種子

矜羯羅《こんがら》童子

他の書体

異体字

066【jha・鄭・ジャ】

字義◆戦敵《せんてき》

闍・杓・諾・社などの音訳もある。体文《たいもん》九番目の文字。五類声《ごるいしょう》第二句、顎音《がくおん》の四番目。濁音で有気音。字義は「戦敵」とされるが、原語は明らかでない。

他の書体

筆順

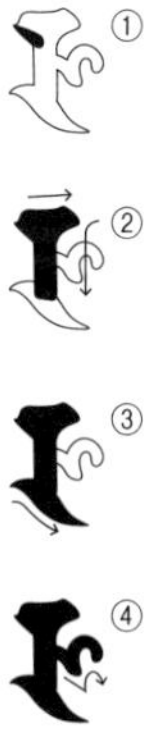

067【ña・孃・ジャウ（ジャ・ザ）】

字義◆智《ち》

『悉曇三密鈔《しったんさんみつしょう》』には、若・社・如・壌などの音写も挙げられている。体文《たいもん》十番目の文字で五類《ごるい》声《しょう》第二句、顎音《がくおん》の五番目で鼻音。字義は「智」で原語はサンスクリット語で「知識」「智恵」などを意味する「jñāna」。通常、字義はその文字を頭文字とする何らかの単語から選ばれるが、「ña」ではじまる単語はない。

他の書体

筆順

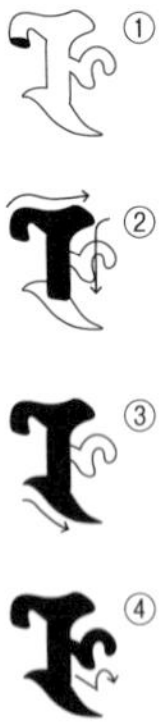

068【ṭa・吒・タ】

字義◆慢《まん》

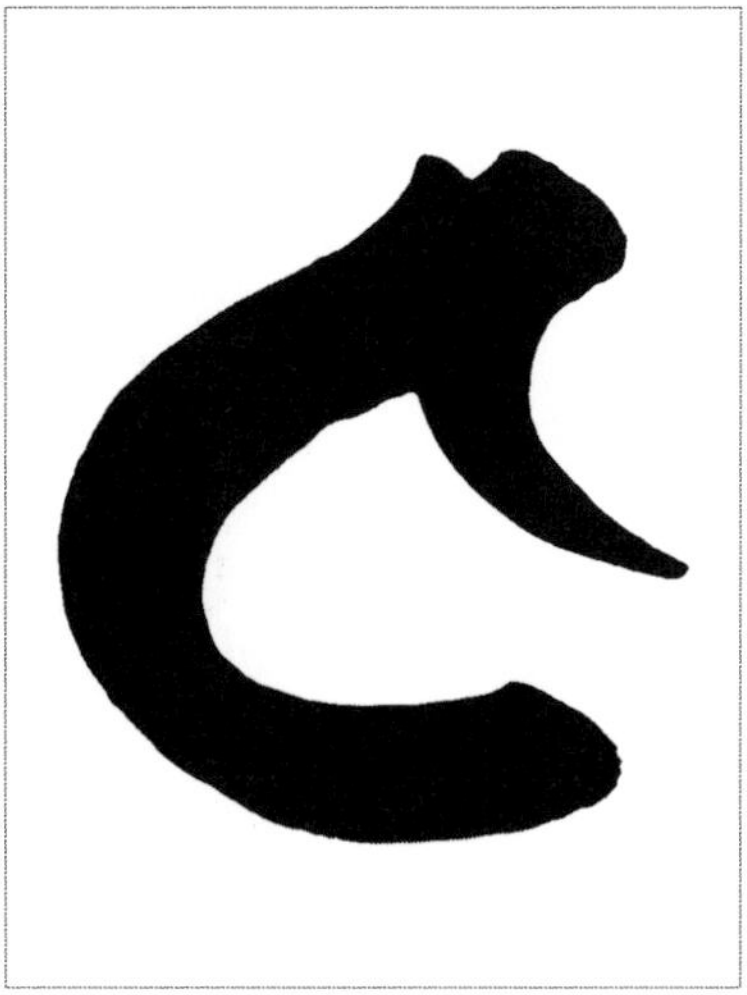

体文《たいもん》十一番目の文字で五類声《ごるいしょう》第三句、舌音《ぜつおん》に分類される。舌音《ぜつおん》とは舌の先を歯茎の後部から硬口蓋前部にかけての部分に接触させて発音する子音で、現在は「反り舌音」などとも呼ばれる。舌音のアルファベット表記について、IAST（凡例参照）では「t」と「d」の下に点を打ち、「ṭ」「ḍ」として歯音と区別しているので注意が必要である。タ（ṭa）字は字母表で舌音の一番目に置かれる清音で無気音。字義は「慢」。

他の書体

異体字

筆順

069

【ṭ・吒・タ】

タ（ṭa）字に怛《た》達《だつ》という記号を付した文字。怛《た》達《だつ》は字母に元々含まれている母音ア（a）を除く記号。したがってタ（ṭa）にこれを付けるとタ（ṭ）となる。矜羯羅《こんがら》童子と共に不動明王の脇侍である制吒迦《せいたか》童子の種子。不動三尊として書かれる際に、この文字が用いられる。

種子

制吒迦《せいたか》童子

他の書体

070
【trūṃ・吒嚕吽・トロン】

タ（ṭa）字とラ（ra）字を合成《ごうじょう》させタラ（ṭra）とし、さらにウー（ū）点と空点《くうてん》を付してつくる。ラ（ra）字、あるいはラ（ra）字の半体下部が文字の最下部にある文字のウ（u）点・ウー（ū）点は通常のものとは異なり、縦画の右側にウ（u）点の場合は一つ、ウー（ū）点の場合は二つ点を打つ形となる。この文字は広生《こうしょう》仏頂（大転輪仏頂）の種子として用いられる。

種子

広生《こうしょう》仏頂（大転輪仏頂）

他の書体

071【ṭha・咜・タ】

字義◆長養《ちょうよう》

侘・吒・詫・咃などの音訳もある。体文《たいもん》十二番目の文字で五類声《ごるいしょう》第三句、舌音《ぜつおん》の二番目。清音で有気音。字義は「長養《ちょうよう》」で原語はサンスクリット語の「viṭhapana」とされる。

他の書体

筆順

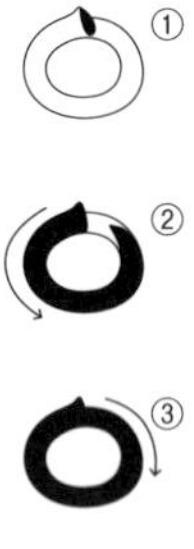

072

【ṭhaṃ・諂・タン（テン）】

タ（ṭha）字に空点《くうてん》を付けて音節末を鼻音にしたもの。胎蔵曼荼羅の除蓋障院《じょがいしょういん》に描かれる慈発生《じほっしょう》菩薩の種子。

種子　慈発生《じほっしょう》菩薩

他の書体

異体字

073【ḍa・拏・ダ】

字義◆怨対《おんだい》

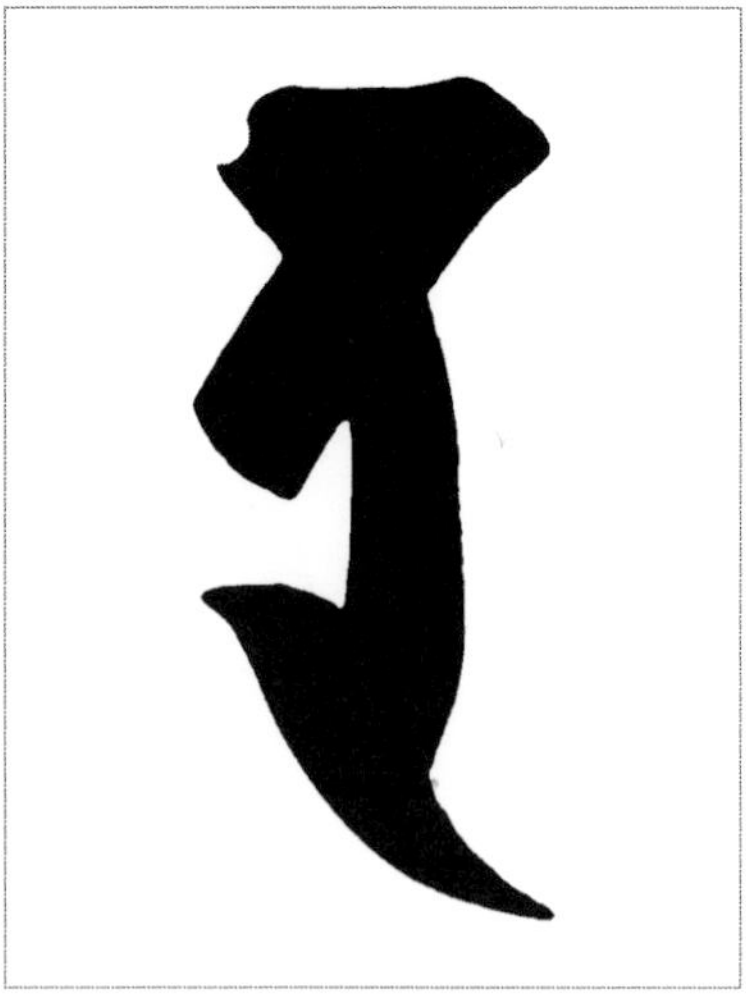

体文《たいもん》十三番目の文字。五類声《ごるいしょう》第三句、舌音《ぜつおん》の三番目。濁音で無気音。茶・陀などとも書く。字義は「騒動」「喧嘩」などを意味するサンスクリット語「ḍamara」に由来する「怨対《おんだい》」。この文字を種子とする荼吉尼《だきに》天は胎蔵曼荼羅最外院《さいげいん》の南方に描かれる。梵名の「ダーキニー（ḍākinī）」の頭文字が種子とされた。羅刹天は金剛界外《げ》金剛《こんごう》部《ぶ》二十天の一尊で、ダン（ḍaṃ）あるいはこのダ（ḍa）字を種子とする。胎蔵曼荼羅に描かれる涅《に》哩底王《りちおう》と同体とされ、胎蔵曼荼羅では種子をニリ（nṛ）、あるいはラー（rā）とする。

種子

荼吉尼《だきに》天・羅刹天（涅《に》哩底王《りちおう》）

他の書体

筆順

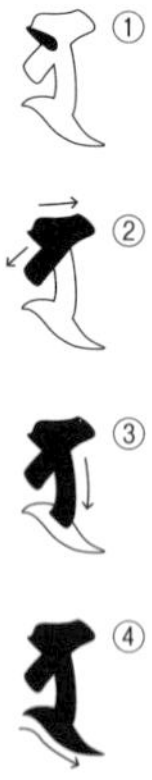

074【ḍha・荼・ダ】

字義◆執持《しゅうじ》

体文《たいもん》十四番目の文字で五類声《ごるいしょう》第三句、舌音《ぜつおん》に分類される。濁音で有気音。拏・袒などとも音写する。字義は「執持」。

他の書体

異体字

筆順

075

【ṇa・拏・ダウ（ダ・ドウ）】

字義◆諍論《じょうろん》

体文《たいもん》十五番目の文字で五類声《ごるいしょう》第三句、舌音《ぜつおん》の五番目に配される鼻音。那・嚢などの漢字音写もみられる。字義はサンスクリット語で「闘争」「戦争」を意味する「raṇa」に由来する「諍論」。この文字にアー（ā）点を付す場合、この文字の終筆部を上に上げることによってアー（ā）点とすることになっている。

他の書体

異体字

筆順

076

【ṇaṃ・喃・ダン】

ダウ（ṇa）字に空点《くうてん》を付けて末尾を鼻音にしたもの。赧などとも音訳される。この文字が種子とされる堅固深心《けんごじんしん》菩薩は胎蔵曼荼羅地蔵院に配される尊。

種子

堅固深心《けんごじんしん》菩薩・制吒迦《せいたか》童子

他の書体

異体字

077

【ṇḍa・安荼・アンダ】

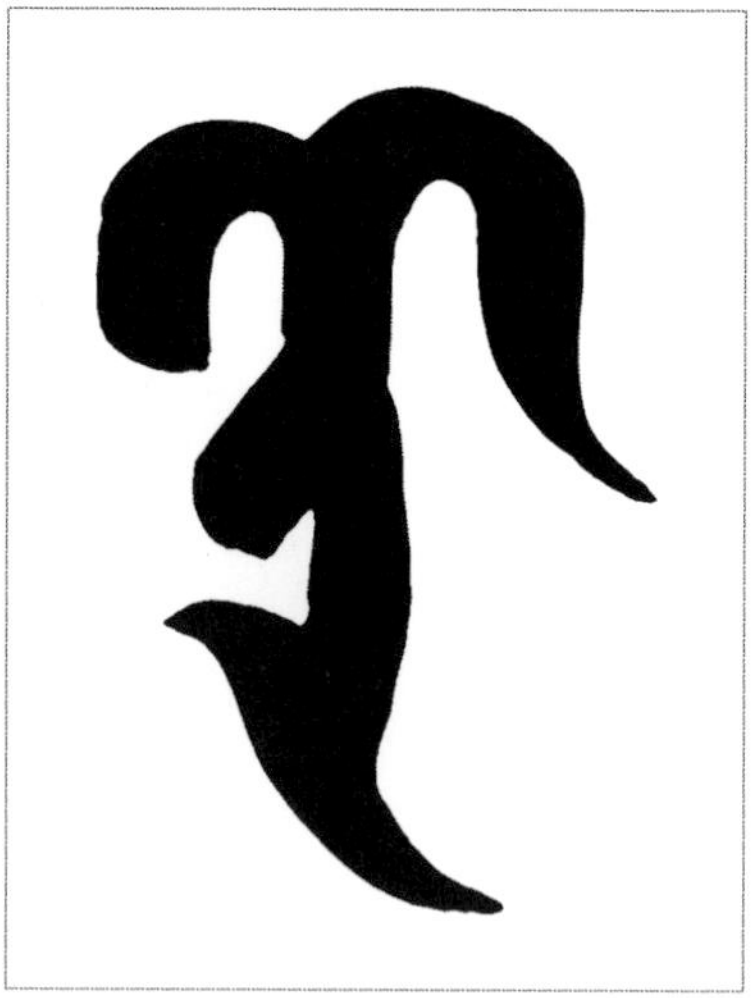

ダウ（ṇa）字とダ（ḍa）字の合成《ごうじょう》字。ダウ（ṇa）字の半体上部にダ（ḍa）字の半体下部を切り継いでつくる。安拏という音訳もある。この文字の漢字音写については、多くの場合直前の音に（ṇ）の音を含んだ漢字をあて、直後に「荼」「拏」などと続けて表記されることが多い。例えば「曼荼羅（maṇḍala）」という言葉を梵字で書くと文字の切れ目は「マ（ma）」「（ア）ンダ（ṇḍa）」「ラ（la）」であるが、漢字音写では「マン（曼）」「ダ（荼）」「ラ（羅）」となる。他にも「戦荼（caṇḍa）」「間拏（kāṇḍa）」「軍荼利（kuṇḍalī）」などの例がある。

種子

金剛摧砕天《こんごうざいさいてん》

他の書体

異体字

078【ta・多・タ】

字義◆如々《にょにょ》

体文《たいもん》十六番目の文字で五類声《ごるいしょう》第四句、歯音《しおん》に分類される。歯音《しおん》とは上の前歯の裏に舌先を接触させることによって発音される音。タ（ta）は歯《し》音《おん》の一番目、清音で無気音である。哆・怛などとも書く。字義は「如々」。原語の「tathatā」は、「真如」「真理」「如実」などと漢訳される。金剛界三十七尊中十六大菩薩の一尊、金剛光菩薩の三《さん》昧耶会《まやえ》における種子。

種子

金剛歌菩薩・金剛光菩薩・秋金剛・如来毫相《ごうそう》菩薩・如来宝菩薩

他の書体

異体字

筆順

079

【taṃ・擔・タン】

丹・淡なども音写する。タ（ta）字に空点《くうてん》を付けて末尾を鼻音にしたもの。不空羂索《けんじゃく》観音の種子は通常「モウ（mo）」だが、この文字を用いる例がある。また、多羅菩薩の種子の一つでもある。

種子

多羅《たら》菩薩・不空羂索《ふくうけんじゃく》観音

他の書体

異体字

080【tā・多引・ター】

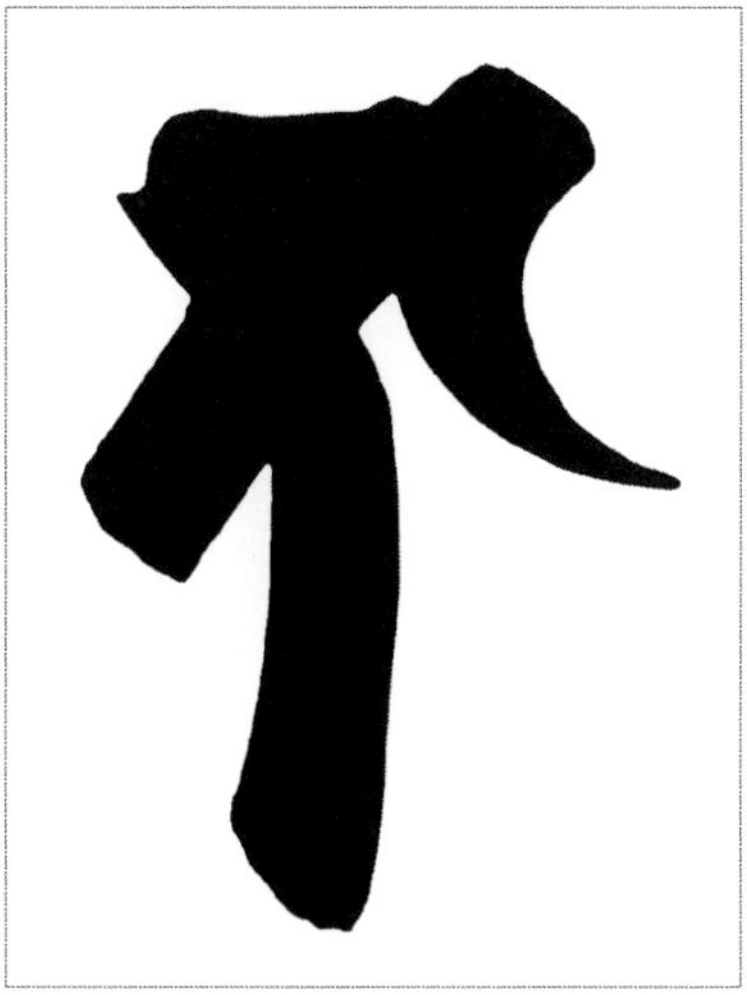

タ（ta）字にアー（ā）点を付した文字。アを長音にし、ター（tā）となる。種子としては多羅菩薩をあらわす文字として用いられる。尊名のターラー（tārā）の頭文字に由来するものか。「tārā」は発光物のことで、星・瞳孔なども意味する。多羅菩薩は観音菩薩の眼から生じたために、その名を得たという。

種子
多羅《たら》菩薩

他の書体

異体字

081

【ti・底・チ】

地なども書く。タ（ta）字にイ（i）点を付けることによって母音（a）が（i）となり、チ（ti）の音を示す文字となる。金剛界三十七尊中、八供養菩薩（内の四供養）の一尊である金剛嬉菩薩の三昧耶会《さんまやえ》における種子。無能勝妃の種子は通常「ア（a）」だが、この文字を種子とする説もある。

種子

金剛嬉菩薩・無能勝妃

他の書体

異体字

082

【tu・覩・トウ（ト・ツ）】

妬・都などとも音写される。タ（ta）字にウ（u）点を付けることによって字母に含まれる母音（a）の音がが（u）となり、トウ（tu）の音を示す文字となる。この文字にウ（u）点として鶯点《うぐいすてん》を付けると「怨対《おんだい》」のダ（ḍa）字となるため、かならず雲形点《くもがたてん》を付けることになっている。秤宮《ひょうくう》は十二宮《じゅうにくう》の一つで梵名「tulā」の頭文字であるこの文字が種子とされる。

種子
兜率天《とそつ》・都牟盧《とむろ》・秤宮《ひょうくう》

他の書体

083

【tbaṃ・怛鑁・タバン（トバン）】

タ（ta）字の半体上部にバ（ba）字の半体下部を切り継ぎ、空点《くうてん》を加えた文字。金剛界曼荼羅三《さん》昧《ま》耶《や》会《え》における金剛宝菩薩の種子。金剛宝菩薩は金剛界三十七尊中、十六大菩薩の一尊。

種子

金剛宝菩薩

他の書体

084【tra・怛羅・タラ】

怛囉・多囉などとも音写する。タ（ta）字とラ（ra）字の合成《ごうじょう》字。タ（ta）字の半体上部にラ（ra）字の半体下部を切り継いでつくる。字母の半体上部にラ（ra）字の半体下部を切り継ぐ文字は、悉曇十八章中第三章で建立する。

種子

巨門星《こもんしょう》・矜羯羅《こんがら》童子・多羅《たら》菩薩・無垢光菩薩
（無垢光童子）

他の書体

085

【traṃ・怛覧・タラン】

多覧などとも書く。タ（ta）字とラ（ra）字の合成《ごうじょう》字、タラ（tra）に空点《くうてん》を付し、音節末を鼻音にしたもの。この文字を種子とする光聚《こうじゅ》仏頂は五仏頂の一人で、胎蔵曼荼羅では釈迦院に配される。

種子

光聚《こうじゅ》仏頂・多羅《たら》菩薩

他の書体

086

【traṭ・怛羅吒・タラタ】

タ（ta）字の半体上部にラ（ra）字の半体下部を合成《ごうじょう》したタラ（tra）に、タ（ṭa）字の母音を取って合わせた文字。タ（ṭa）字の下に付いている記号が母音を除く記号。「traṭ」と表記した場合、「r」と「ṭ」のあいだに母音「a」があるため、本来「tra」と「ṭ」の二文字として取り扱われるべきと考えられるが、特に種子曼荼羅では伝統的に一文字として書写されている。

種子

金剛《こんごう》鬘《まん》菩薩

他の書体

087【trā・怛囉・タラー】

タ(ta)字の半体上部にラ(ra)字の半体下部を合成《ごうじょう》したタラ(tra)に、アー(ā)点を付けて長音にしたもの。毘倶胝《びくち》菩薩は観音部中の一尊で、胎蔵曼荼羅では観音院に列する。

種子

毘倶胝《びくち》菩薩

他の書体

088
【trāṃ・怛覧・タラーン】

漢字音写を怛藍とする資料もある。タ（ta）字とラ（ra）字の合成《ごうじょう》字、タラ（tra）にアー（ā）点を付けて長音にし、さらに空点《くうてん》を付して音節末を鼻音にしたもの。虚空蔵菩薩の種子は通常タラク（traḥ）だが、この文字とする説もある。

種子
虚空蔵菩薩・金剛幢《こんごうどう》菩薩・智幢《ちどう》菩薩

他の書体

089

【trāḥ・怛洛・タラク】

怛落などの漢字音写もある。タ（ta）字とラ（ra）字の合成字《ごうじょう》字、タラ（tra）にアー（ā）点を付けて長音にし、さらに涅槃点《ねはんてん》を付して音節末を止音にした音を示す文字。この文字を種子とする宝生如来は金剛界五仏（五智如来）の一尊で密教で大変重要視される尊格。大日如来が備える五つの智（五智）のうち「平等性智《びょうどうしょうち》」を主《つかさど》る。胎蔵曼荼羅虚空蔵院の主尊、虚空蔵菩薩はこの宝生如来と同体とされるため、この文字を種子とする。虚空蔵菩薩は、弘法大師空海が修したことで知られる「虚空蔵求聞持法」の本尊。また、丑・寅年の守り本尊とされている。

種子

虚空蔵菩薩・宝金剛菩薩・宝生如来・宝波羅蜜菩薩

他の書体

090【tri・怛哩・チリ】

底哩などとも書く例もある。タ（ta）字とラ（ra）字の合成《ごうじょう》字、タラ（tra）にイ（i）点を付けて母音をイ（i）としたもの。胎蔵曼荼羅金剛手院に描かれる金剛手持金剛菩薩の種子の一つ。持国天は梵名を「ジリタラーシュトラ（dhṛtarāṣṭra）」といい本来ヂリ（dhṛ）を種子とするが、この文字とする説がある（誤用の可能性がある）。

種子　持国天・金剛手持金剛菩薩

他の書体

091

【triṃ・怛鄰・チリン】

タ（ta）字とラ（ra）字の合成《ごうじょう》字、タラ（tra）にイ（i）点を付けて母音をイ（i）とし、さらに空点《くうてん》を加えて音節末を鼻音にしたもの。胎蔵曼荼羅金剛手院に描かれる金剛手持金剛菩薩の種子とされる。

種子

金剛手持金剛菩薩

他の書体

092
【trīṃ・怛憐・チリン（チリーン）】

怛隣・怛陵などと書かれる例がある。タ（ta）字とラ（ra）字の合成《ごうじょう》字、タラ（tra）にイー（ī）点を付けて母音をイー（ī）とし、さらに空点《くうてん》を加えて音節末を鼻音にしたもの。胎蔵曼荼羅釈迦院に描かれる光聚《こうじゅ》仏頂の種子の一つ。

種子
光聚《こうじゅ》仏頂

他の書体

093

【trū・覩嚕・トロー（ツルー）】

怛嚕・怛囉・吐嚧・多嚕などの音写もみられる。タ（ta）字の半体上部にラ（ra）字の半体下部を合成《ごうじょう》し、ウー（ū）点を加えた文字。この文字を種子とする廉貞星《れんじょうしょう》は北斗七星の一つ。星曼荼羅として知られる北斗曼荼羅などに描かれる。

種子

廉貞星《れんじょうしょう》

他の書体

094
【trūṃ・怛嚕唵・トロン（トローン・トロウン）】

都魯吽などと音写する例もある。タ（ta）字とラ（ra）字の合成《ごうじょう》字、タラ（tra）にウー（ū）点を付けて母音をウー（ū）とし、さらに空点《くうてん》を加えて音節末を鼻音にしたもの。ラ（ra）字、あるいはラ（ra）字の半体下部が文字の最下部にある文字のウー（ū）点は通常のものとは異なり、縦画の右側に点を二つ打つ形となる。

種子
光聚《こうじゅ》仏頂

他の書体

095

【trhyiṃ・底哩頡炎・チリキエン】

タ（ta）・ラ（ra）・カ（ha）・ヤ（ya）の四字を合成《ごうじょう》した文字に、イ（i）点と空点《くうてん》を加えた文字。一髻文殊《いっけいもんじゅ》の種子の一つ。一髻文殊の種子には異説が多い。この文字は成賢の『薄双紙』に見られるもの。

種子 一髻文殊《いっけいもんじゅ》

他の書体

096【tvaṃ・怛嚩・タバン（トバン）】

怛鑁などとも音写される。タ（ta）字の半体上部にバ（va）字の半体下部を合成《ごうじょう》したタバ（tva）に空点《くうてん》を付し、音節末を鼻音としたもの。悉曇十八章などの原則では「タバン」とのカナ表記となるが、真言中などに出てきた場合、伝統的に「トバン」と読むことが多い。金剛界三十七尊中十六大菩薩に数えられる、金剛護菩薩・金剛業《ごう》菩薩・金剛宝菩薩の三昧耶会《さんまやえ》における種子。

種子
金剛護《こんごうご》菩薩・金剛業《こんごうごう》菩薩・金剛宝《こんごう》菩薩

他の書体

097【tha・他・タ】

字義◆住處《じゅうしょ》

浄厳著『悉曇三密鈔《しったんさんみっしょう》』には、託・詫などの漢字音写も挙げられている。体文《たいもん》十七番目の文字で五類声《ごるいしょう》第四句、歯音《しおん》に分類される。清音で有気音。字義は「住處《じゅうしょ》」で原語はサンスクリット語の「sthāna」。

他の書体

異体字

筆順

098【da・娜・ダ】

字義◆施与《せよ》

陀・柁・荼・那なども書く。体文《たいもん》十八番目の文字で五類声《ごるいしょう》第四句、歯音《しおん》の三番目。濁音で無気音。字義はサンスクリット語で「与えること」「布施」などを意味する「dāna」を原語とする「施与《せよ》」。金剛界三十七尊中十六大菩薩の一尊、金剛利菩薩の三昧耶会《さんまやえ》における種子とされる。

種子　金剛利菩薩・檀《だん》波《ぱ》羅《ら》蜜《みつ》菩薩・金剛拳菩薩・持世菩薩

他の書体

筆順

099

【daṃ・灘・ダン】

檀・喃・腩・曇などの音写も見られる。施与《せよ》のダ（da）字に空点《くうてん》を加え、音節末を鼻音にしたもの。この文字を種子とする除憂冥《じょうみょう》菩薩は共に胎蔵曼荼羅地蔵院に列する。胎蔵種子曼荼羅では宝処菩薩の種子を「ゼン（jaṃ）」としているものが多いようである。羅刹天は金剛界曼荼羅の外金剛部《げこんごうぶ》に配されるが、胎蔵種子曼荼羅では同体であるという涅哩底王《にりちおう》として別の種子があてられている。

種子

除憂冥《じょうみょう》菩薩・如来牙《げ》菩薩・宝処菩薩・羅刹天（涅哩底王《にりちおう》）

他の書体

100
【dīḥ・儞翼・ヂク（ヂーク）】

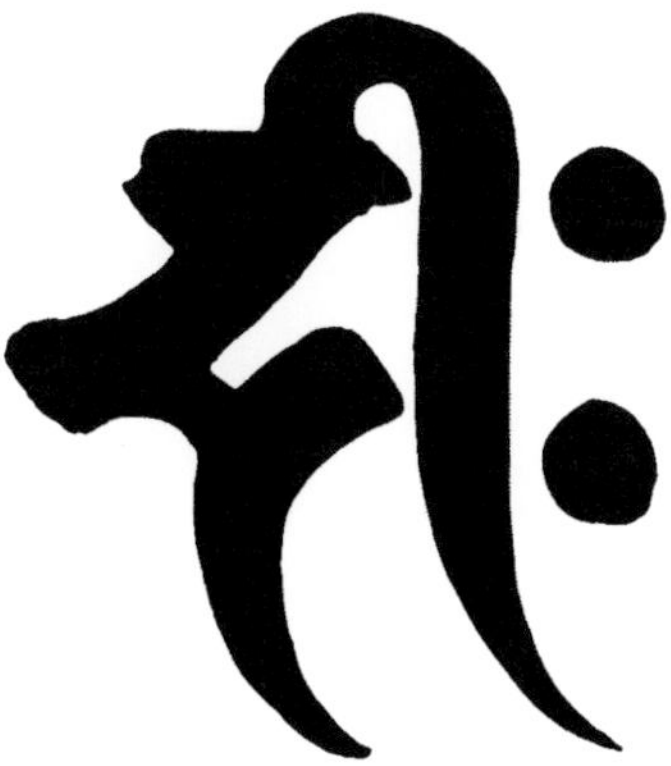

儞翼は明覚撰『悉曇要訣《しったんようけつ》』の記述。禰・儞などと一字で音写する例も見られる。ダ（da）字にイー（ī）点を付けて母音をイー（ī）とし、さらに涅槃点を加えて音節末を止音にしたもの。この文字を種子とする金剛燈菩薩は金剛界三十七尊中の八供養菩薩（外の四供養）。

種子
金剛燈菩薩

他の書体

101

【du・弩・ド（ヅ）】

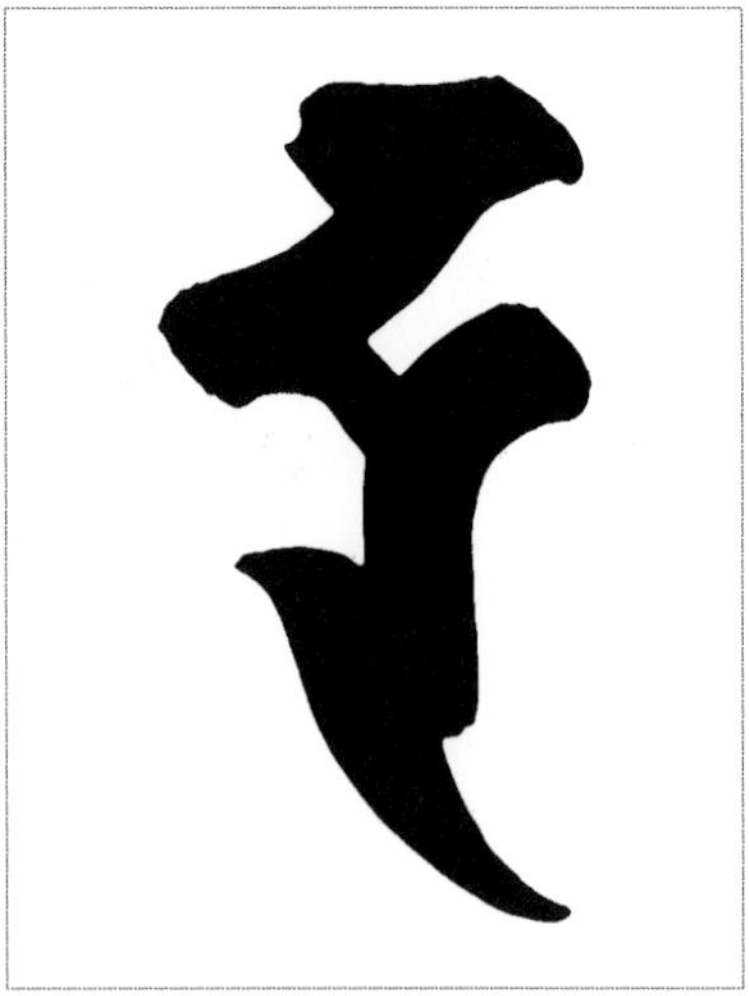

弩・努・訥などと音写する例もある。ダ（da）字にウ（u）点を付した文字。この文字を種子とする訶利帝母は、人間の子供を食らう鬼女が釈迦に諭され仏教に帰依し、出産・育児の神となった鬼子母神として知られる。

種子

訶利帝母（鬼子母神）

他の書体

異体字

102

【dr̥・涅哩・ヂリ】

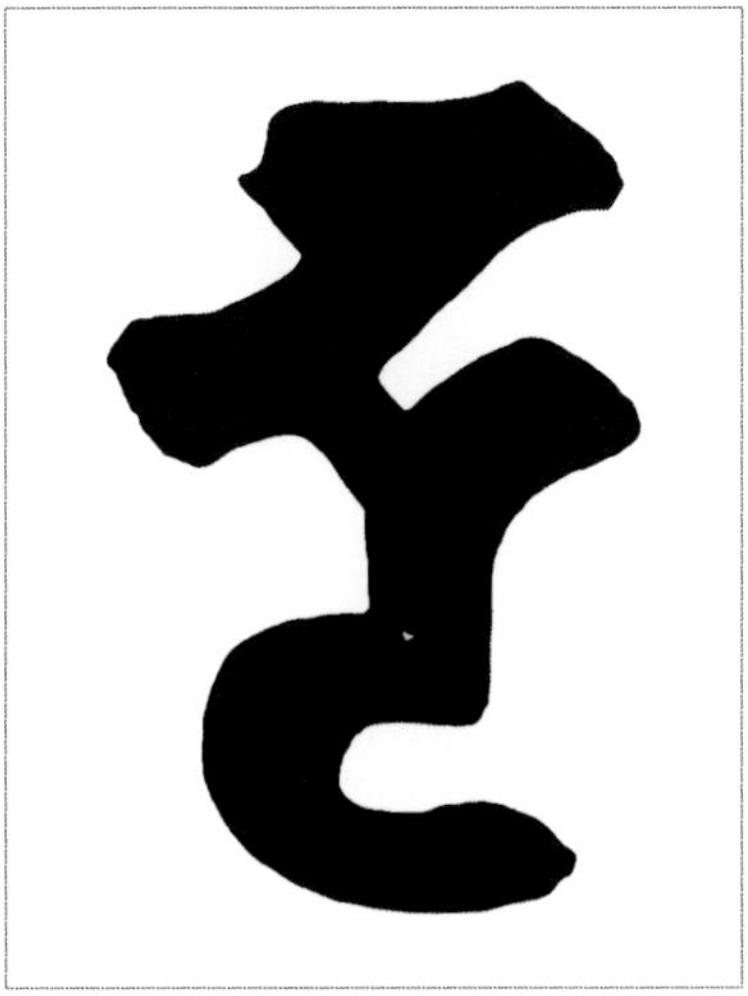

儞利・濕哩・捺嚟などの漢字音写も見られる。ダ（da）字に別摩多《べつのまた》（特殊母音）リ（r̥）の半体を付したもの。金剛舞《こんごうぶ》菩薩は金剛界三十七尊中八供養菩薩（内の四供養）の一尊で、通常キリタ（kr̥t）を種子とする。『密教大辞典』（法藏館）などには、金剛舞菩薩の種子としてこの文字を載せていないが、実際の金剛界種子曼荼羅の作例の多くが、降《ごう》三世会《ざんぜえ》における金剛舞菩薩の種子をヂリ（dr̥）としている。

種子

優婆髻設尼《うばけいしに》・金剛舞《こんごうぶ》菩薩

他の書体

103

【ddhi・地・ヂ（チ）】

ダ（da）字の半体上部にダ（dha）字の半体下部を合成《ごうじょう》した文字、ダ（ddha）にイ（i）点を付けて母音をイ（i）としたもの。金剛界三十七尊中十六大菩薩の一尊、金剛拳菩薩の三昧耶会《さんまやえ》における種子とされる。

種子

金剛拳菩薩

他の書体

異体字

104【dha・駄・ダ】

字義◆法界《ほうかい》（ほっかい）

陀・娜・但・彈・檀・達などとも漢字音写される。体文《たいもん》十九番目の文字で五類声《ごるいしょう》第四句、歯《し》音《おん》の四番目。濁音で有気音。字義は「法界《ほうかい》（ほっかい）」で原語は「dharma-dhātu」。「dharma」は「法」、「dhātu」は「界」と漢訳される。虚宿は二十八宿と呼ばれる星座の一つで、梵名の「ダニシュター（dhaniṣṭā）」の頭文字であるこの文字が種子となっている。

種子

虚宿・焼香供養菩薩

他の書体

筆順

105

【dhaṃ・曇・ダン】

淡などの音写も見られる。法界《ほうかい》（ほっかい）のダ（dha）字に空点《くうてん》を付して音節末を鼻音にしたもの。弓宮《きゅうくう》は十二宮《じゅうにくう》の一つで梵名の「ダヌ（dhanu）」の頭文字であるこの文字を種子とする。金剛界三十七尊中十六大菩薩の一尊、金剛利菩薩は成身会《じょうしんね》においてはこの文字を種子とする。また文殊菩薩の種子の一つでもある。

種子

弓宮《きゅうくう》・金剛利菩薩・文殊菩薩

他の書体

106

【dhi・地・ヂ】

法界《ほうかい》（ほっかい）のダ（dha）字にイ（i）点を付けて母音をイ（i）としたもの。金剛界三十七尊中十六大菩薩の一尊、金剛因菩薩の三昧耶会《さんまやえ》における種子。

種子

金剛因菩薩

他の書体

107

【dhiḥ・地入・ヂク】

ダ（dha）字にイ（i）点を付けて母音をイ（i）とし、さらに涅槃点を付けて音節末を止音にしたもの。般若菩薩の種子の一つ。

種子

般若菩薩

他の書体

108
【dhiḥ ＋ maṃ・ヂクマン】

ダ（dha）字にイ（i）点を付けて母音をイ（i）とし、さらに涅槃点を付けて音節末を止音にしたヂク（dhiḥ）と、マ（ma）字に空点《くうてん》を付して音節末を鼻音にしたマン（maṃ）を合成《ごうじょう》した特殊な文字。ヂク（dhiḥ）は般若菩薩の種子でマン（maṃ）は文殊菩薩の種子でもある。二字を合成《ごうじょう》してヂクマン（dhiḥ + maṃ）となり、般若菩薩の種子として用いられる。文字の構造上「dhmmiḥ」とローマ字表記することもできるが、あくまでもヂク（dhiḥ）・マン（maṃ）二字合成《ごうじょう》の文字であり、読み方も「ヂクマン」であるため、「dhiḥ + maṃ」と表記する。

種子

般若菩薩

他の書体

109

【dhī・地引・ヂー】

法《ほう》界《かい》（ほっかい）のダ（dha）字にイー（ī）点を付けて母音をイー（ī）としたもの。般若菩薩の種子の一つ。蓮華部使者は胎蔵曼荼羅観音院に列する諸尊の侍者たちで、この文字を種子とする使者が多い。

種子

般若菩薩・蓮華部使者

他の書体

110
【dhīḥ・ヂク（ヂーク）】

法界《ほうかい》（ほっかい）のダ（dha）字にイー（ī）点を付けて母音をイー（ī）とし、さらに涅槃点を付して音節末を止音としたもの。般若菩薩の種子の一つ。

種子
般若菩薩

他の書体

111 【dhu・度・ド（ヅ）】

『悉曇三密鈔《しったんさんみっしょう》』は、他の音写として豆・特を挙げる。他の資料に頭という音写も見られる。ダ（dha）字にウ（u）点を付したもの。母音がア（a）からウ（u）となる。金剛界三十七尊中十六大菩薩の一尊、金剛喜菩薩の三昧耶《さんまや》会《え》における種子。この字の場合、ウ（u）点は鶯点《うぐいすてん》・雲形点《くもがたてん》のどちらも選択でき、資料にも両方見られる。両界種子曼荼羅に見られるこの文字の多くが鶯点《うぐいすてん》となっているため、雲形点《くもがたてん》を付した文字を異体字とした。

種子

金剛喜菩薩・焼香供養菩薩

他の書体

異体字

112

【dhṛ・地哩・ヂリ】

ダ（dha）字に別摩多《べつのまた》（特殊母音）リ（ṛ）の半体を付したもの。地利・地里などの漢字音写も見られる。四天王の一尊、持国天は梵名を「ジリタラーシュトラ（dhṛtarāṣṭra）」といい、その頭文字であるこの字が種子とされている。

種子

持国天

他の書体

113

【dhyā・地野引・ギヤー】

ダ（dha）字の半体上部にヤ（ya）字の半体下部を合成《ごうじょう》してギヤ（dhya）とし、アー（ā）点を付して母音を長音にしたもの。この文字を種子とする禅那波羅蜜菩薩は梵名を「ギヤーナパーラミター（dhyāna-pāramitā）」といい、その頭文字が種子と定められた。「ギヤーナ（dhyāna）」は「禅定」（宗教的瞑想）のこと。

種子

禅那波羅蜜菩薩

他の書体

114

【dhriṃ・地唆・ヂリン】

ダ（dha）字の半体上部にラ（ra）字の半体下部を合成《ごうじょう》してダラ（dhra）とし、イ（i）点を付して母音をイ（i）にして、さらに空点《くうてん》を加えて音節末を鼻音にしたもの。

他の書体

種子

無能勝明王

115 【dhvaṃ・達凡・ダバン（ドボウ）】

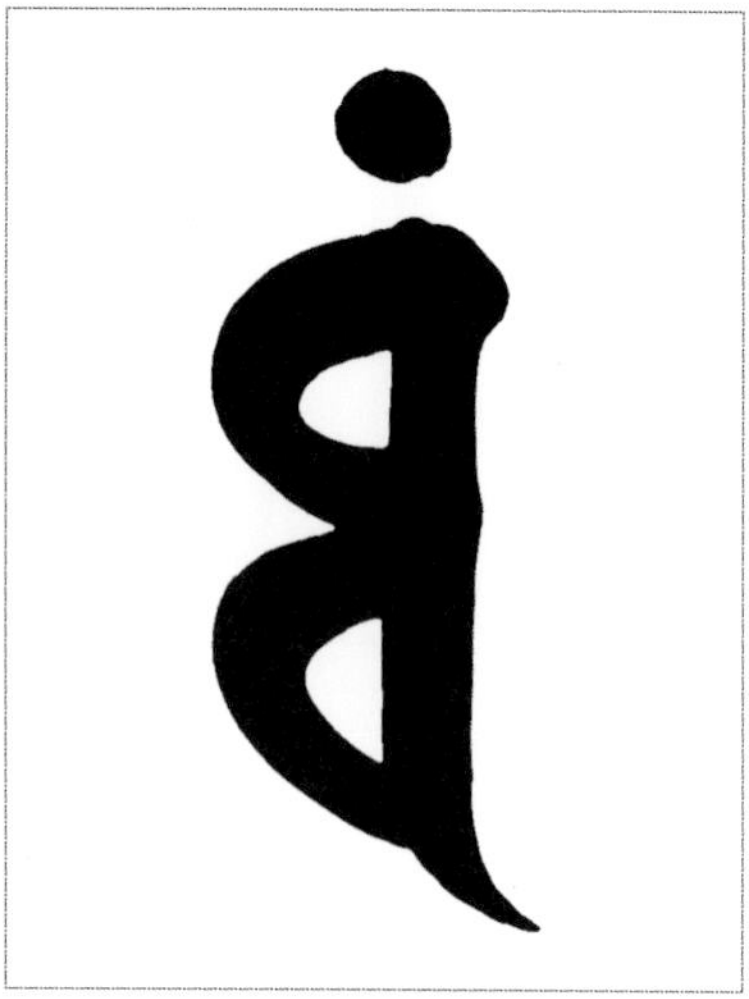

特奉・特鑁・駄挽などの漢字音写もある。ダ（dha）字の半体上部にバ（va）字の半体下部を合《ごう》成《じょう》してダバ（dhva）とし、空点《くうてん》を付して音節末を鼻音にしたもの。金剛界曼荼羅中、賢劫十六尊に数えられる無量光菩薩の種子。同じく賢劫十六尊の一尊で、胎蔵曼荼羅では除蓋障院に配置される滅悪趣《めったくしゅ》（除悪趣）菩薩の種子とされる。滅悪趣（除悪趣）菩薩は三悪趣（地獄・餓鬼・畜生）の苦しみを除くとされ、宗派によって卒塔婆《そとば》の裏面にこの種子を書く場合がある。

種子

無量光菩薩・滅悪趣《めったくしゅ》（除悪趣）菩薩

他の書体

116【na・曩・ナウ（ナ・ノウ）】

字義◆名字《みょうじ》

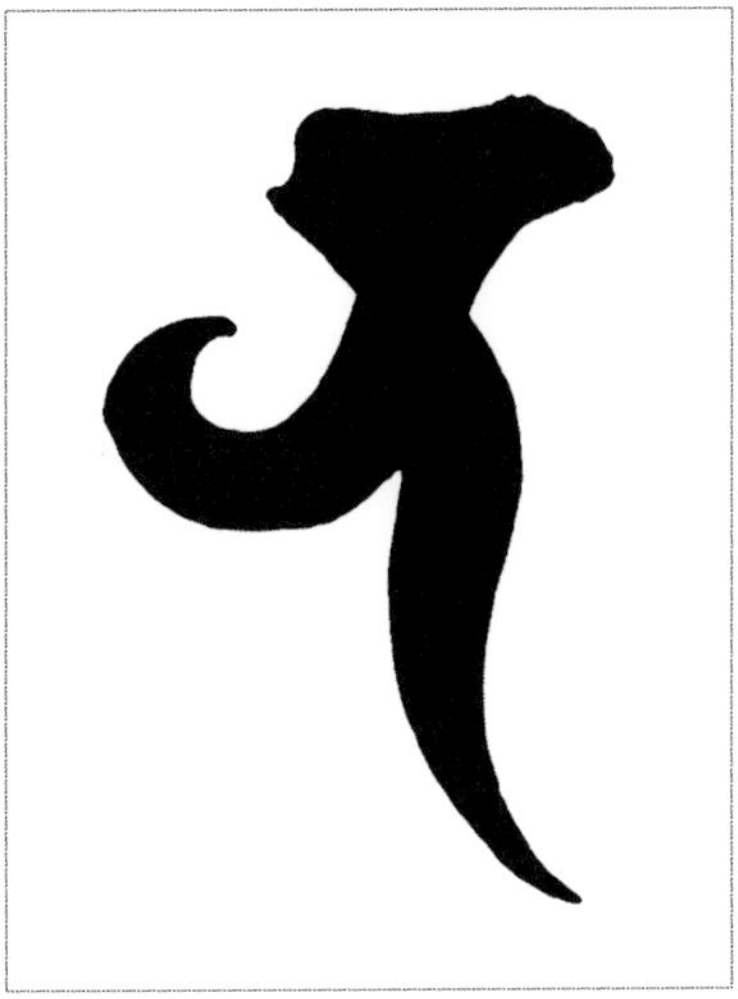

那・娜・拏・南などとも音写される。体文《たいもん》二十番目の文字で五類声《ごるいしょう》第四句、歯音《しおん》の五番目、鼻音である。字義は「名字《みょうじ》」で原語はサンスクリット語の「nāman」。サンスクリット語で「星」「星座」「星宿」を意味する「nakṣtra」の頭文字であるため、二十八宿の尊格はこの文字を種子の一つとすることがある。

種子

烏波難陀龍王《うばなんだりゅうおう》・火天・喜面天・金剛将菩薩・水天・井宿《せいしゅく》・星宿・鬼宿・箕宿《きしゅく》・危宿・牛宿《ぎゅうしゅく》・虚宿・觜宿《ししゅく》・女宿・心宿・参宿《しんしゅく》・斗宿・房宿・難陀龍王・尾宿・昴宿《ぼうしゅく》・柳宿《りゅうしゅく》・龍樹菩薩

他の書体

異体字

筆順

117

【naḥ・諾・ナク】

ナウ（na）字に涅槃点を打って音節末を止音にしたもの。胎蔵曼荼羅蘇《そ》悉《しっ》地《ぢ》院《いん》に描かれる金剛将菩薩の種子の一つ。

種子

金剛将菩薩

他の書体

異体字

118 【ni・儞・ニ】

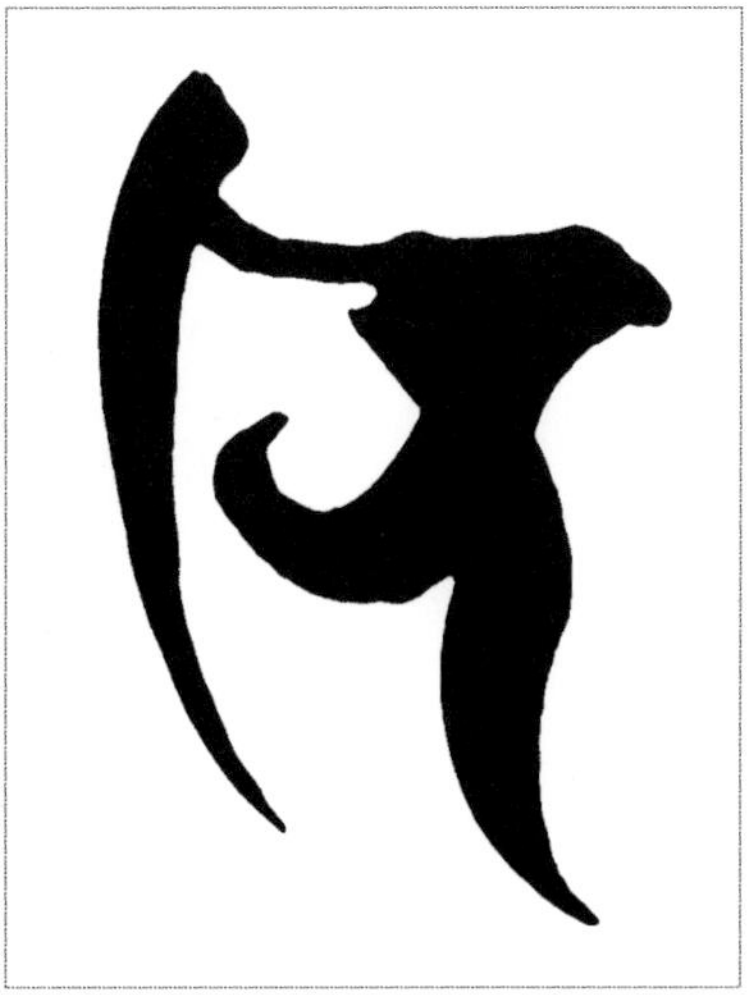

爾・尼・泥などとも書く。ナウ（na）字にイ（i）点を付けて母音をイ（i）としたもの。風天の種子の一つ。十二天・八方天の一人である風天は梵名を「ヴァーユ（vāyu）」といい、胎蔵種子曼荼羅ではバ（va）字を種子とする。金剛界曼荼羅では外《げ》金剛《こんごう》部《ぶ》二十天の一尊として描かれ、このニ（ni）字を種子とする。

種子　金剛将菩薩・風天・流星

他の書体

異体字

119
【nṛ・涅哩・ニリ】

ナウ（na）字に別摩多《べつのまた》（特殊母音）リ（ṛ）の半体を付したもの。羅刹天は金剛界曼荼羅では外金《げこん》剛部《ごうぶ》に配され、ダ（ḍa）字あるいはをダン（daṃ）字を種子とするが、胎蔵曼荼羅では涅哩底王《にりちおう》として描かれ、種子をこのニリ（nṛ）、あるいはラー（rā）とする。

種子
羅刹天（涅哩底王《にりちおう》）

他の書体

異体字

120 【nai・奈・ナイ】

乃という漢字音写も見られる。ナウ（na）字にアイ（ai）点を付けて母音をアイ（ai）としたもの。仏教の世界観では天上の世界は大きく欲界・色界・無色界の三つに分けられ（三界《さんがい》）、それぞれの中でさらに細かく分けられる。無色界中の第四天に相当するのが、この文字を種子とする悲想悲悲想天。有頂天ともいう。梵名を「ナイヴァサンジュニャーヤタナ（naivasaṃjñāyatana）」といい、種子はその頭文字による。形像の曼荼羅では胎蔵曼荼羅最外院《さいげいん》に楼閣として描かれる。

種子

悲想悲悲想天

他の書体

異体字

121

【nya・儞也・ニヤ】

寗夜という音写もある。ナウ（na）字の半体上部にヤ（ya）字の半体下部を合成《ごうじょう》した文字。体文の半体上部とヤ（ya）字の半体下部の合成字は、悉曇十八章の第二章で建立する。この文字を種子とする一切如来智印（一切遍知印）は胎蔵曼荼羅遍知院の中央に位置し、中央に卍がある三角形で描かれるが、種子曼荼羅においても種子が書かれず三角形のままになっている作例がある。種子が書かれる場合はアン（am）が用いられるが、このニヤ（nya）字も種子の一つとされている。

種子

一切如来智印（一切遍知印）

他の書体

異体字

122【pa・跛・ハ】

字義◆第一《だいいち》義《ぎ》諦《たい》

波・鉢なども音写する。体文《たいもん》二十一番目の文字で五類声《ごるいしょう》第五句、唇音《しんおん》に分類される。唇音には両唇音と唇歯音の別があるが、五類声《ごるいしょう》第五句の唇音は両唇音、つまり上下両方の唇を用いて発音する音を指す。ハ（pa）は第五句の一番目、清音で無気音。伝統的に「ハ」と片仮名表記しているが、唇音に分類されていること、ローマ字表記が「pa」となっていることを考慮すると、本来「パ」に近い発音であると考えられる。これは日本語における片仮名表記の歴史上、半濁音を表記する方法が誕生したのが比較的新しいということと関連していると思われるが、これについては日本語学的見地からも、さらに研究が必要であろう。字義はサンスクリット語「paramārtha」に由来する「第一義諦」。この文字を種子とする翼宿は星宿である二十八宿の一。梵名を「ウッタラパルグニー（uttara-phalgunī）」といい、「pha」が種子として用いられるべきで「pa」とするのは誤りとされるが、伝統的に用いられているものなのでここに記す。

種子

守門天・守門天女・翼宿

他の書体

筆順

123

【paṃ・半・ハン】

『悉曇三密鈔《しったんさんみっしょう》』には、般・幡・播などの音写も見られる。ハ（pa）字に空点《くうてん》を付けて音節末を鼻音にしたもの。阿詣羅仙《あけいらせん》・白衣《びゃくえ》観音の種子。阿詣羅仙は火天眷属の五仙の一人。白衣観音は白《びゃく》処《しょ》菩薩とも呼ばれる。観音菩薩はすべての衆生を救うため、三十三の姿に変化《へんげ》するとされるが、その内の一つに数えられる。

種子

阿詣羅仙《あけいらせん》・白衣《びゃくえ》観音（白処《びゃくしょ》菩薩）

他の書体

124

【pā・跛引・ハー】

ハ（pa）字にアー（ā）点を付して長音にしたもの。この文字を種子とする他化《たけ》自在天は、仏教の世界観でいう天上の三つの世界、欲界・色界・無色界のうち、欲界の最高位の天。

種子

他化《たけ》自在天

他の書体

125【pi・比・ヒ】

毘・庇・砒・疵などと音写した例も見られる。

ハ（pa）字に摩多点画《またてんかく》のイ（i）点を付けた文字。

この文字を種子とする毘舎遮《びしゃしゃ》は胎蔵曼荼羅最外院南方に配される鬼神の一種の食人鬼。屍鬼などとも呼ばれる。種子は梵名の「ピシャーチャ（piśāca）」の頭文字による。

種子

毘舎遮《びしゃしゃ》

他の書体

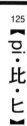

126
【piṃ・氷・ヒン】

ハ（pa）字にイ（i）点と空点《くうてん》を付した文字。この文字を種子とする熒惑《けいわく》天は外金剛部《げこんごうぶ》二十天の一尊で、南方に描かれる。種子は梵名の「ピンガラ（piṅgala）」の頭文字に由来する。

種子

熒惑《けいわく》天

他の書体

127 【pu・補・フ（ホ）】

『悉《しっ》曇《たん》三《さん》密《みっ》鈔《しょう》』には、布・本・奮・怖・普・分・芬などの音写も挙げられる。ハ（pa）字にウ（u）点を付けた文字。ウ（u）点は鶯点《うぐいすてん》・雲形点《くもがたてん》のどちらの例も見られる。鬼宿・井宿《せいしゅく》は共に二十八宿の一つ。鬼宿は梵名を「プシャヤ（pusya）」、井宿は梵名を「プナルバス（punarvasu）」といい、それぞれの頭文字が種子とされている。

種子

鬼宿・井宿《せいしゅく》

他の書体

異体字

128
【pū・補引・フー（ホー）】

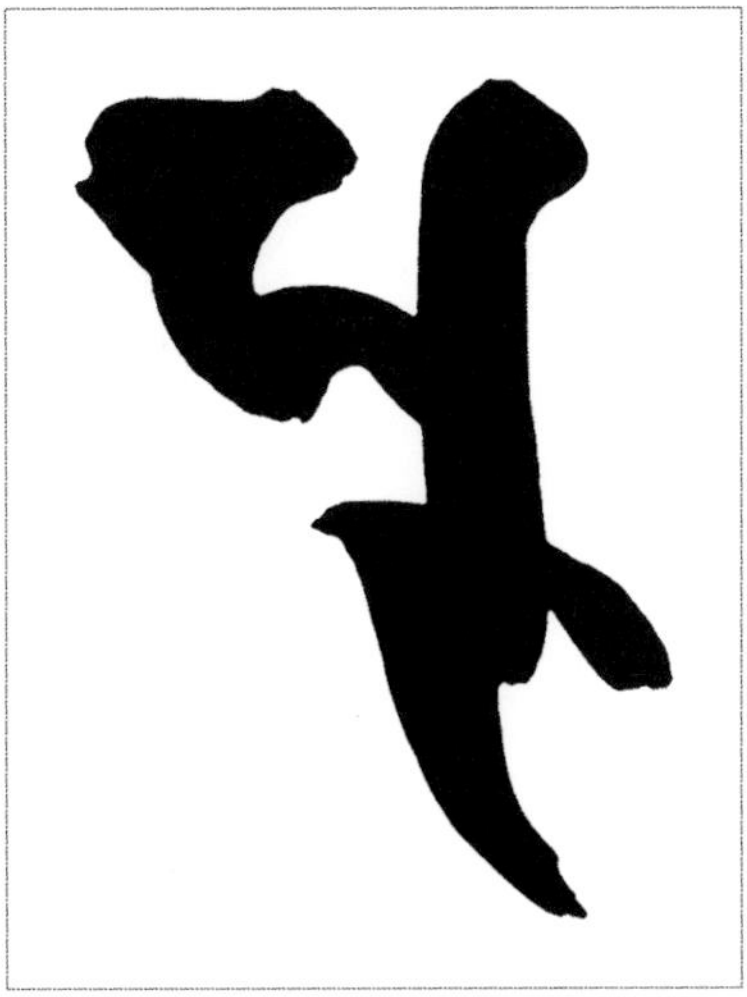

『悉《しっ》曇《たん》三《さん》密《みっ》鈔《しょう》』には、怖・布などの音写も見られる。ハ（pa）字にウー（ū）点を付けた文字。胎蔵曼荼羅釈迦院に位置する供養雲海菩薩は、その梵名「プージャーメーガサーガラ（pūjāmeghasāgara）」の頭文字であるこの文字を種子とする。

種子
供養雲海菩薩

他の書体

異体字

129

【pṛ・鉢哩・ハリ（ヒリ）】

ハ（pa）字に別摩多《べつのまた》（特殊母音）のリ（ṛ）を切り継いだ文字。「ハリ」「ヒリ」などと読み、音写の例には、彼里・跛哩・鉢里などがある。賢劫十六尊の一尊、賢護菩薩は梵名を「バドラパーラ（bhadra-pāla）」といい、この文字を種子とするのは「パーラ（pāla）」を「ハリ（pṛ）」と解釈したことによる。他に「ハラ（pra）」と解した例もある。十二天の一尊である地天は、梵名の「プリティヴィー（pṛthivī）」の頭文字であるこの文字を種子とする。九曜の一つである土曜は通常「シャ（śa）」を種子とするが、地天の頭文字をとってこの文字を種子とすることがある。

種子

賢護菩薩・地天（堅牢《けんろう》地神《じじん》）・土曜

他の書体

130

【pe・閉・ヘイ】

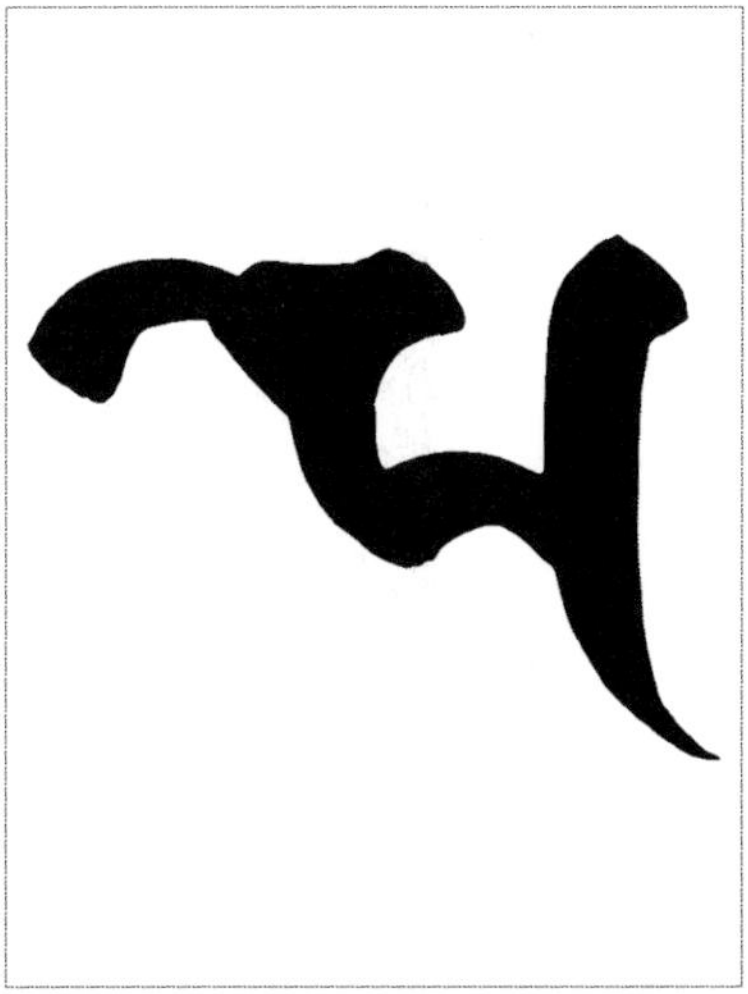

篦・閇なども音写される。ハ（pa）字にエー（e）点を付けた文字で、如来捨菩薩の種子とされている。如来捨菩薩は胎蔵曼荼羅釈迦院の尊で、梵名を「タターガトーペークシャ（tathāgatopekṣa）」という。「如来」を意味する「タターガタ（tathāgata）」の最後の「a」と「捨」を意味する「ウペークシャ（upekṣa）」の最初の「u」が連声《れんじょう》して「o」となるため、「ヘイ（pe）」を種子としたものか。種子を「ウパークシャ（upekṣa）」の「ウ（u）」とする例もある。

種子

如来捨菩薩

他の書体

131

【pti・鉢底・ハチ】

ハ（pa）字の半体上部にタ（ta）字の半体下部を合成《ごうじょう》してハタ（pta）とし、さらにイ（i）点を付けて母音をイ（i）にしたもの。金剛幢《こんごうどう》菩薩は金剛界三十七尊中の十六大菩薩の一尊で、この文字は金剛界曼荼羅の三昧耶会における同尊の種子。

種子　金剛幢《こんごうどう》菩薩

他の書体

132
【pra・鉢囉・ハラ】

鉢羅・波羅・般などと音写した例もある。ハ（pa）字の半体上部にラ（ra）字の半体下部を合《ごう》成《じょう》してつくる。悉曇十八章では第三章で建立する文字。卒塔婆の裏面に大随求《だいずいぐ》菩薩の種子として書かれることがある。般若菩薩はその梵名「プラジュニャーパーラミター（prajñāpāramitā）」の頭文字からこの文字を種子とする。

種子

賢護菩薩・大随求《だいずいぐ》菩薩・般若菩薩・尾宿・月《がっ》天《てん》・梵天・無能勝明王・翼宿

他の書体

133【pha・頗・ハ】

字義◆聚沫《しゅうまつ》

叵・破・發などと音写した例もある。体文《たいもん》二十二番目の文字で五類声《ごるいしょう》第五句、唇音《しんおん》の二番目、清音で有気音。字義は「聚沫」。サンスクリット語で「泡」「泡沫《ほうまつ》」などを意味する「phena」が語源。二十八宿の一である翼宿は、その梵名「ウッタラパルグニー（uttara-phalgunī）」の頭文字であるこの文字が種子とされている。

種子

翼宿

他の書体

筆順

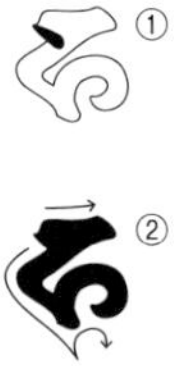

134
【phaṃ・泛・ハン】

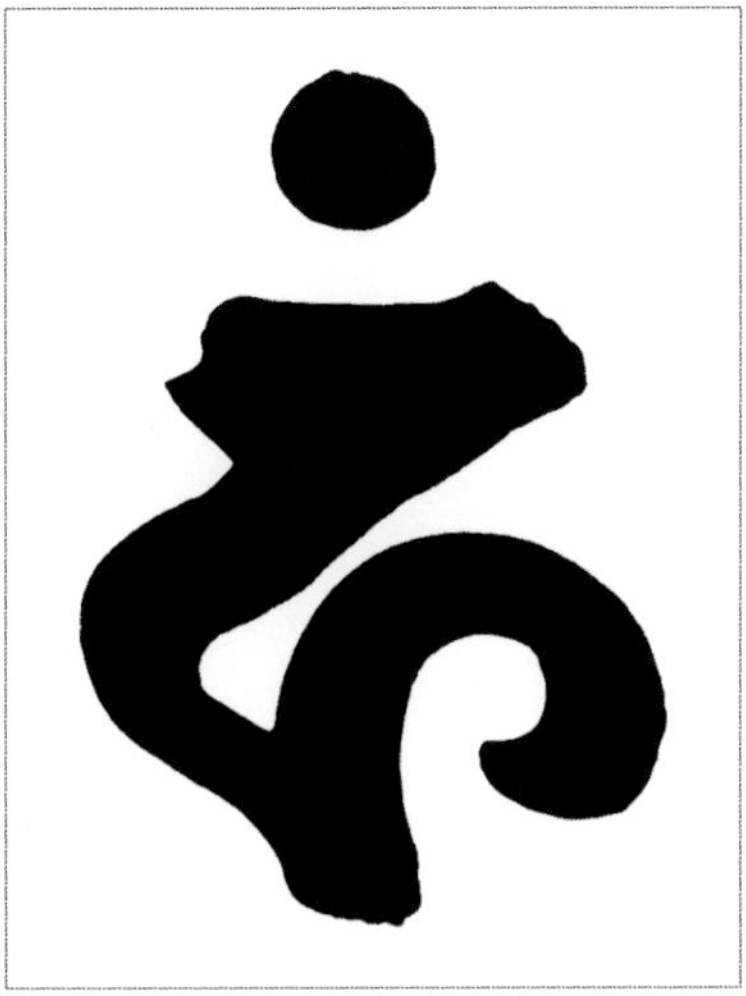

泛・泮などとも音写される。ハ（pha）字に空《くう》点《てん》を付した文字。空点《くうてん》は音節末の鼻音（ṃ）を示す。この文字を種子とする宝印手菩薩は胎蔵曼荼羅地蔵院に描かれる尊。種子をカン（haṃ）とする説もあるが、ハン（phaṃ）とカン（haṃ）は文字の形状が似ているため、誤用の可能性もある。

種子
宝印手菩薩

他の書体

135【ba・麼・バ】

字義◆縛《ばく》

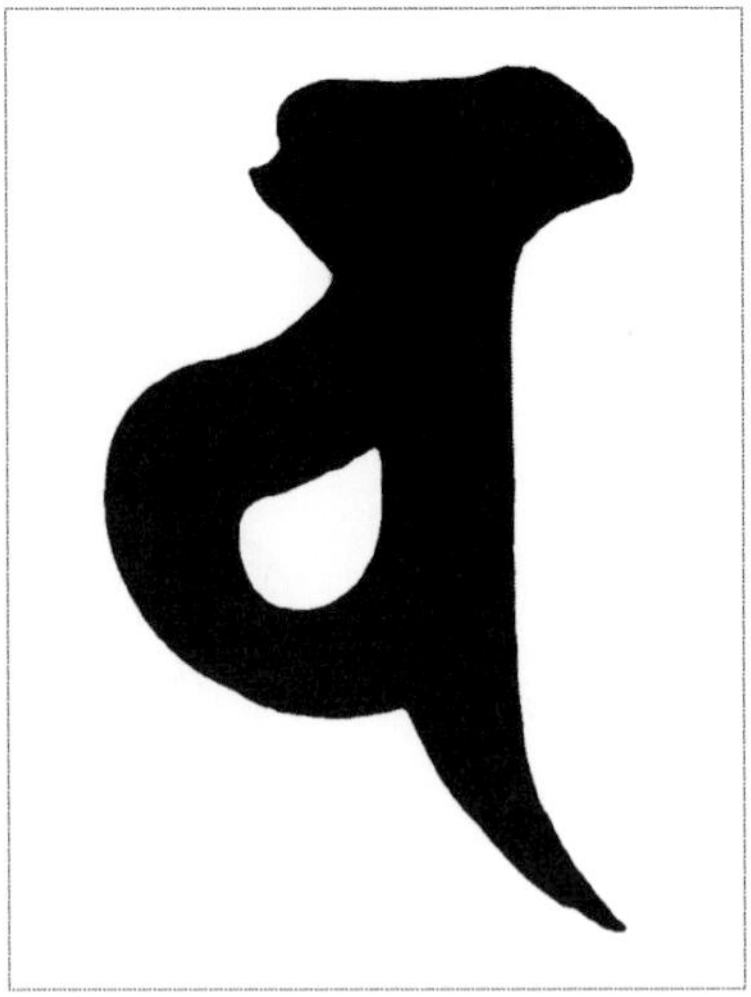

体文《たいもん》二十三番目の文字で五類声《ごるいしょう》第五句、唇音《しんおん》の三番目、濁音で無気音。婆なども音写する。字義はサンスクリット語「bandhana」に由来する「縛」。「言説《ごんぜつ》」のバ（va）字と字形がよく似ているので、書写する際には注意が必要。胎蔵曼荼羅虚空蔵院に描かれる十波羅蜜菩薩の一尊、力波羅蜜菩薩は、その梵名「バラパーラミター（balapāramitā）」の頭文字であるこの文字を種子とする。

種子

力波羅蜜菩薩・摩尼阿修羅

他の書体

筆順

136

【baṃ・鑁・バン】

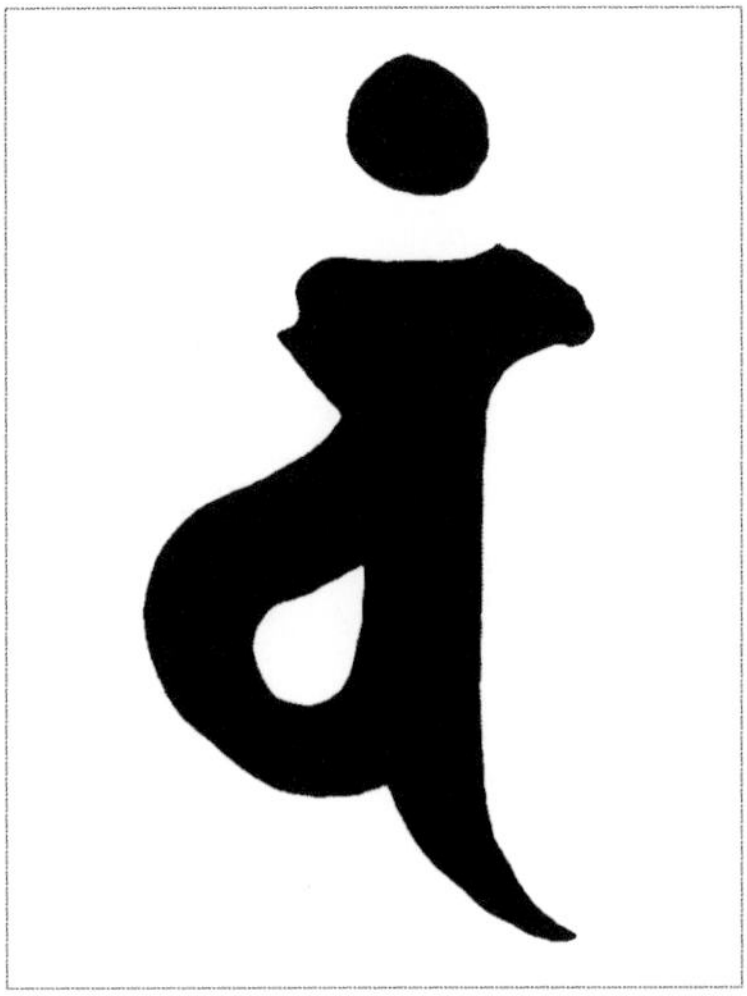

『悉曇三密鈔《しったんさんみっしょう》』には、盤・畔などの音写も挙げられる。バ（ba）字に空点《くうてん》を付した文字。空点《くうてん》は音節末の鼻音（ṃ）を示す。この文字を種子とする金剛《こんごう》拳菩薩は金剛界三十七尊の十六大菩薩の一尊。金剛《こんごう》鏁《さ》菩薩は四摂菩薩に数えられる。

種子

愛金剛《こんごう》菩薩・金剛《こんごう》拳菩薩・金剛《こんごう》鏁《さ》菩薩

他の書体

137

【baḥ・漠・バク】

バ（ba）字に涅槃点を付した文字。涅槃点は音節末の止音（ḥ）を示す。金剛薩埵《こんごうさった》の種子は「ア（a）」「オン（oṃ）」「バン（vaṃ）」「サトバン（stvaṃ）」「ウン（hūṃ）」など多数あり、この「バク（baḥ）」を種子とする説もある。

種子

金剛薩埵《こんごうさった》

他の書体

138

【bu・沒・ブ（ボウ）】

佛・勃・部などとも音写される。バ（ba）字にウ（u）点を付した文字。この字の場合、ウ（u）点は鶯点《うぐいすてん》・雲形点《くもがたてん》のどちらも選択でき、資料にも両方見られる。観自在菩薩は観世音菩薩（観音菩薩）とも呼ばれ、古くから広く信仰されている尊。そのため聖観音・千手観音・十一面観音をはじめ、数多くの種類が生まれ、種子もそれぞれ異なる。この文字を種子とするのは胎蔵曼荼羅中台八葉院に描かれる尊と准胝《じゅんでい》観音。

種子
観自在菩薩・准胝《じゅんでい》観音（七倶胝《しちぐてい》仏母《ぶつも》）・水曜・仏眼《ぶつげん》仏母《ぶつも》

他の書体

異体字

【buḥ・僕・ボク】

寛助撰述の『別行』には、「佛」との音写が見られる。バ（ba）字にウ（u）点を付し、さらに涅槃点を加えた文字。涅槃点は音節末の止音（ḥ）を示す記号。この文字を種子とする穰虞梨《じょうぐ》童女《どうじょ》の名はサンスクリット語「ジャーングリー（jāṅglī）」の音写で、常瞿梨童女などとも書く。観自在菩薩の化身とされ、『密教大辞典 縮刷版』（法藏館）によれば、「ジャーングリー（jāṅglī）」は「蛇医師」「解毒剤を頒つ者」を意味するという。

種子

穰虞梨童女《じょうぐりどうじょ》

他の書体

140【bṛ・毘利・ビリ（ボリ）】

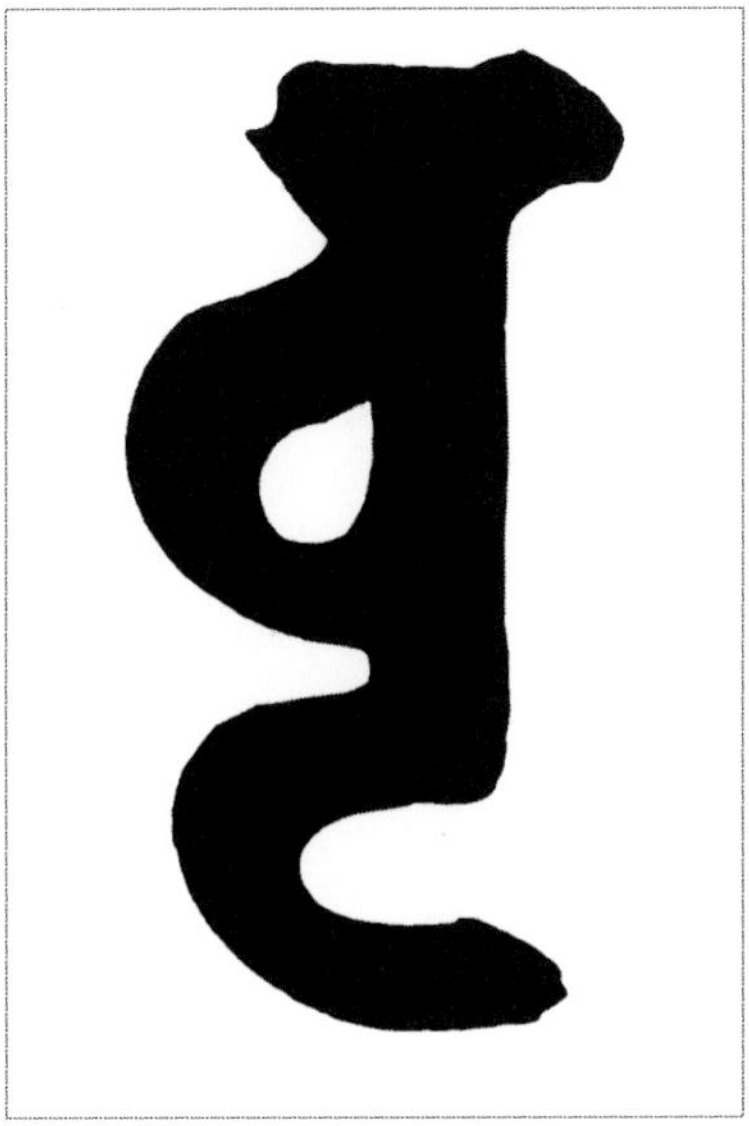

没哩・没囉なども音写される。バ（ba）字の半体上部に別摩多《べつのまた》（特殊母音）リ（ṛ）の半体を切り継いだ文字。この文字を種子とする密牛宮《みつごくう》は星宿神である十二宮《じゅうにくう》の一つ。梵名を「ビリシャ（bṛṣa）」といい、その頭文字が種子となっている。九曜の一つである木曜は、その梵名「ビリハスパティ（bṛhaspati）」の頭文字であるこの文字が種子とされている。

種子
密牛宮《みつごくう》・大光音天・木曜

他の書体

141

【bda・波娜・ブダ（バダ）】

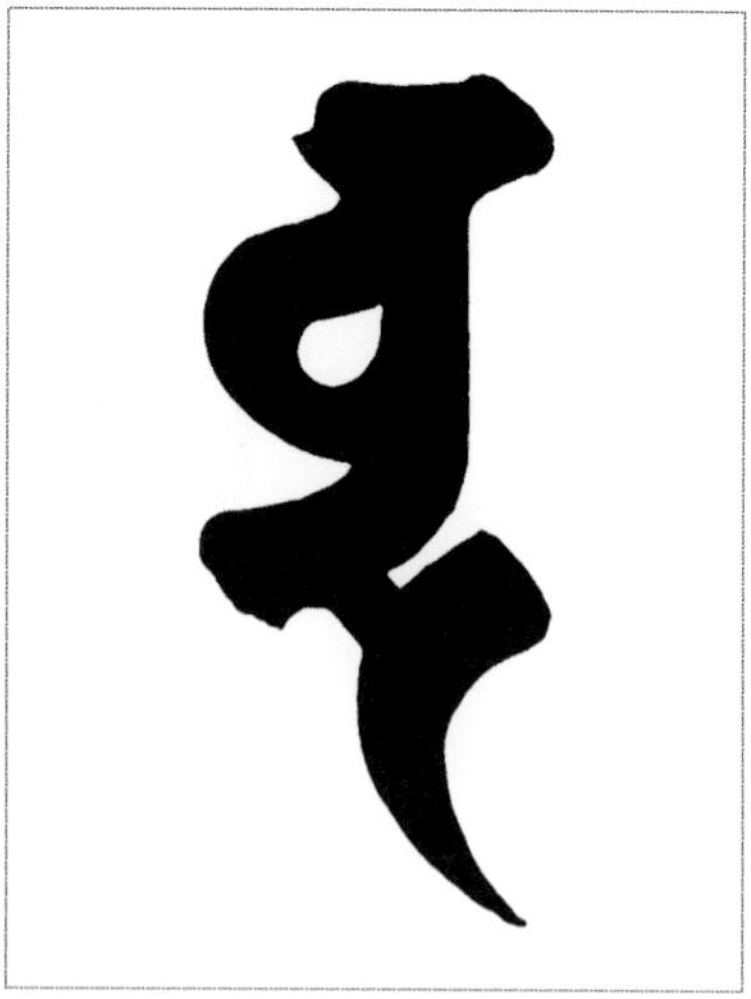

バ（ba）字の半体上部にダ（da）字の半体下部を合成《ごうじょう》した文字。義浄撰述の『梵語千字文』には婆娜との音写も見られる。金剛界三十七尊の十六大菩薩に数えられる金剛語菩薩の三昧耶会《さんまやえ》における種子。サンスクリット語で「音声」「言語」を意味する「śabda」の終わりの文字が種子として選ばれたとされている。

種子

金剛語菩薩

他の書体

142

【bra・沒羅・ボラ（バラ）】

沒囉とも音写される。バ（ba）字の半体上部にラ（ra）字の半体下部を合成《ごうじょう》した文字。悉曇十八章では第三章で建立する。十二天の一尊である梵天は、梵名を「ブラフマー（brahmā）」といい、頭文字であるこの文字が種子とされている。胎蔵曼荼羅では最外院《さいげいん》東方に、金剛界曼荼羅では二十天の一尊として外金剛部《げこんごうぶ》東方に描かれる。

種子

梵天《ぼんてん》

他の書体

143【brhma・沒羅賀摩・ボラカンマ】

梵天の種子。梵天の梵名「ブラフマー(brahmā)」の「バ(ba)」「ラ(ra)」「カ(ha)」「マ(ma)」の四字を合成《ごうじょう》した文字だが、母音は長音となっていない。朴筆書体では「カンマ(hma)」の「m」を重ねて「hmma」としている。「沒羅賀摩」という音写は宥山の『梵書朴筆手鑑』によるもので、他の資料には、沒羅訶摩・沒羅憾麼・沒羅含摩などとする例も見られる。

種子
梵天

他の書体

144【bha・婆・バ】

字義◆有《う》

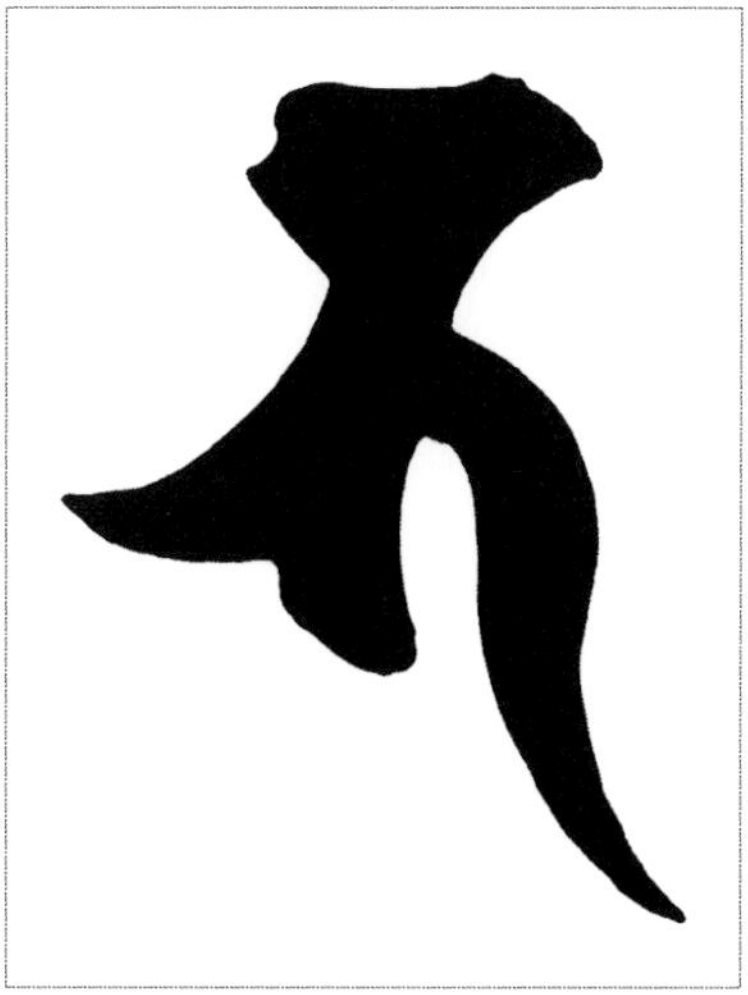

『悉曇三密鈔《しったんさんみっしょう》』や、安然の『悉曇蔵』などに「㶒」の音写も見られる。体文《たいもん》二十四番目の文字で五類声《ごるいしょう》第五句、唇音《しんおん》の四番目、濁音で有気音。字義はサンスクリット語「bhava」から「有」とされている。この文字を種子とする胃宿と室宿《しつしゅく》は共に二十八宿に数えられる。それぞれ梵名を「バラニー（bharaṇī）」「プールバババドラパダー（pūrva-bhadrapadā）」といい、その頭文字が種子とされている。五大明王の一人である大威徳明王の種子は「キリク（hrīḥ）」とする例が多いが、この文字を種子とする説もある。

種子

胃宿・室宿《しつしゅく》・大威徳明王

他の書体

筆順

145
【bhaḥ・嚩・バク（ハク）】

縛・博・薄・婆なども漢字音写される。バ（bha）字に涅槃点を付けた文字。涅槃点は音節末の止音（ḥ）を表す。釈迦如来の種子。釈迦如来は仏教を開いた実在の釈迦（ゴータマ・シッダールタ）の仏としての姿。胎蔵曼荼羅釈迦院の主尊であり、また十三仏のうち二七日《にしちにち》を司る尊ともされている。

種子
釈迦如来

他の書体

146【bhuḥ・僕・ボク】

安然記『金剛界大法対受記』には「⿰口歩」という漢字音写も見られる。バ（bha）字にウ（ū）点を付し、さらに涅槃点を付けた文字。この文字の場合のウ（ū）点は、調査した資料すべてが雲形点となっていた。穰麌梨童女《じょうぐりどうじょ》の種子とされることがある。また、卒塔婆《そとば》の裏面に書かれる浄土変の真言「オン（oṃ）ボク（bhūḥ）ケン（khaṃ）」の三文字のうち、「大地」を意味する「ボク（bhūḥ）」をこの文字とする例が多く見られる。

種子
穰麌梨童女《じょうぐりどうじょ》

他の書体

147

【bhūḥ・歩・ボク】

漢字音写を「僕」とする資料もある。バ（bha）字にウー（ū）点を付し、さらに涅槃点を付けた文字。何らかの尊格の種子になっている文字ではないが、卒塔婆の裏面に書かれることのある浄土変の真言の一字であることから項目に列ねた。浄土変の真言は帰命の聖語「オン（oṃ）」、大地を表す「ボク（bhūḥ）」、大空《だいくう》を象徴する「ケン（khaṃ）」の三文字からなり、穢土《えど》（汚れた国土・迷いの世界）を浄刹《じょうせつ》（清浄な国土・浄土）へと変えるものとされている。「ボク（bhūḥ）」を「ボク（bhuḥ）」とする伝もある。

他の書体

148

【bhrūṃ・部林・ボロン】

部林・勃林・跋啉・勃嚕唵・悖嚕吽など、漢字音写は資料によって様々ある。バ（bha）字の半体上部にラ（ra）字の半体下部を合成《ごうじょう》し、ウー（ū）点と空点《くうてん》を付した文字。一字金輪はこの文字一字を真言とし、仏・菩薩の功徳がこの尊に帰するという。

種子

一字金輪・熾盛光《しじょうこう》仏頂・大輪仏頂

他の書体

149

【bhṛ・毘里・ビリ（バリ）】

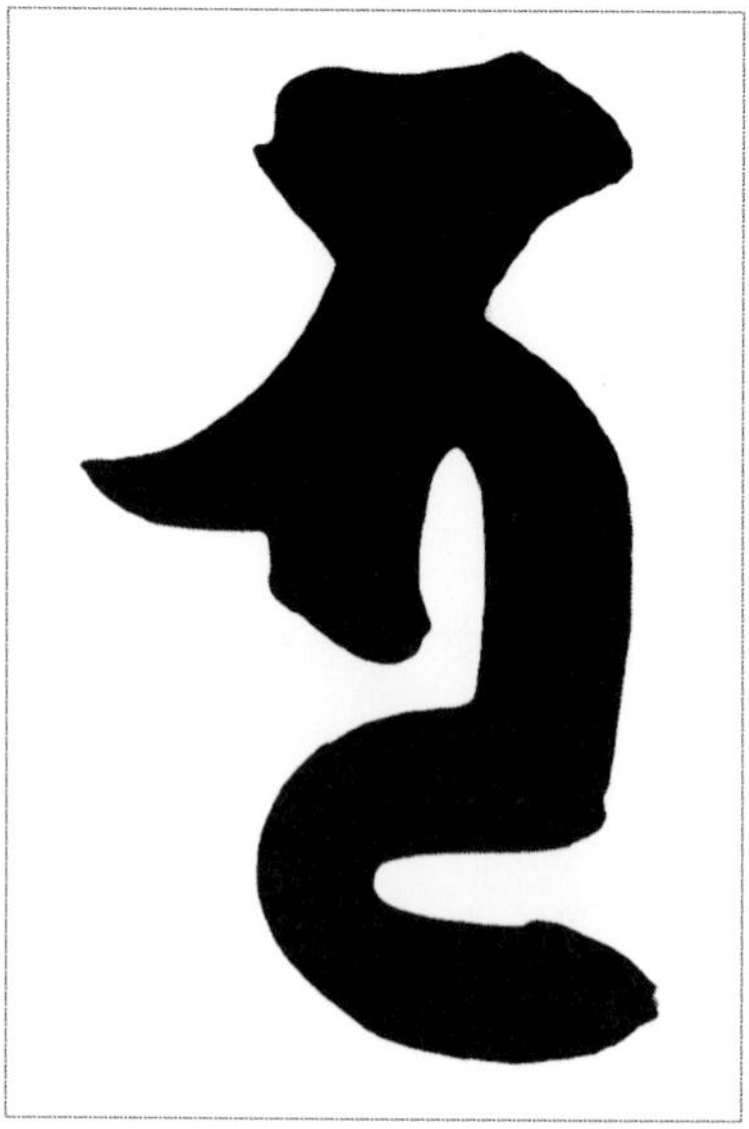

漢字音写については、勃哩・婆哩などの記述も見られる。バ（bha）字に別《べつの》摩《ま》多《た》（特殊母音）のリ（ṛ）を切り継いだ文字。毘《び》倶《く》胝《ち》菩薩の名は梵名「ブリクティ（bhṛkuti）」を音写したもので、種子は梵名の頭文字に由来する。種子を「タラー（trā）」とする説もある。

種子

毘《び》倶《く》胝《ち》菩薩

他の書体

150【bhe・陛・ベイ】

バ（bha）字にエー（e）点を付した文字。金剛《こんごう》鬘《まん》菩薩は金剛界三十七尊中の八供養菩薩の一尊で内の四供養の一尊。種子は通常「タラタ（traṭ）」とされるが、金剛界曼荼羅三昧耶会《さんまやえ》においてはこの文字が用いられる。

種子　金剛《こんごう》鬘《まん》菩薩

他の書体

151

【bhai・佩・バイ】

バ（bha）字にアイ（ai）点を付した文字で、珮・鞞などとも音写される。十三仏の一尊で七七日忌を司る薬師如来の種子として用いられる。薬師如来は両部曼荼羅には描かれないが、病を治す現世利益の仏として古くから広く信仰されている尊。梵名を「バイシャジャ（バイセイジャ）グル（bhaiṣajya-guru）」といい、その頭文字であるこの文字が種子とされている。同じくこの文字を種子とする一行阿闍梨は実在した中国唐代の僧。両部大経の一つ『大毘盧遮那成仏神変加持経《だいびるしゃなじょうぶつじんぺんかじきょう》』（『大日経』）を善無畏と共に漢訳し、『大毘盧遮那成《だいびるしゃなじょう》仏経疏《ぶっきょうしょ》』（『大日経疏』）を記した人物として知られ、真言宗伝持の八祖の第六祖に位置づけられている。

種子

一行阿闍梨・薬師如来

他の書体

152 **【ma・莽・マウ（マ）】**

字義◆吾我《ごが》

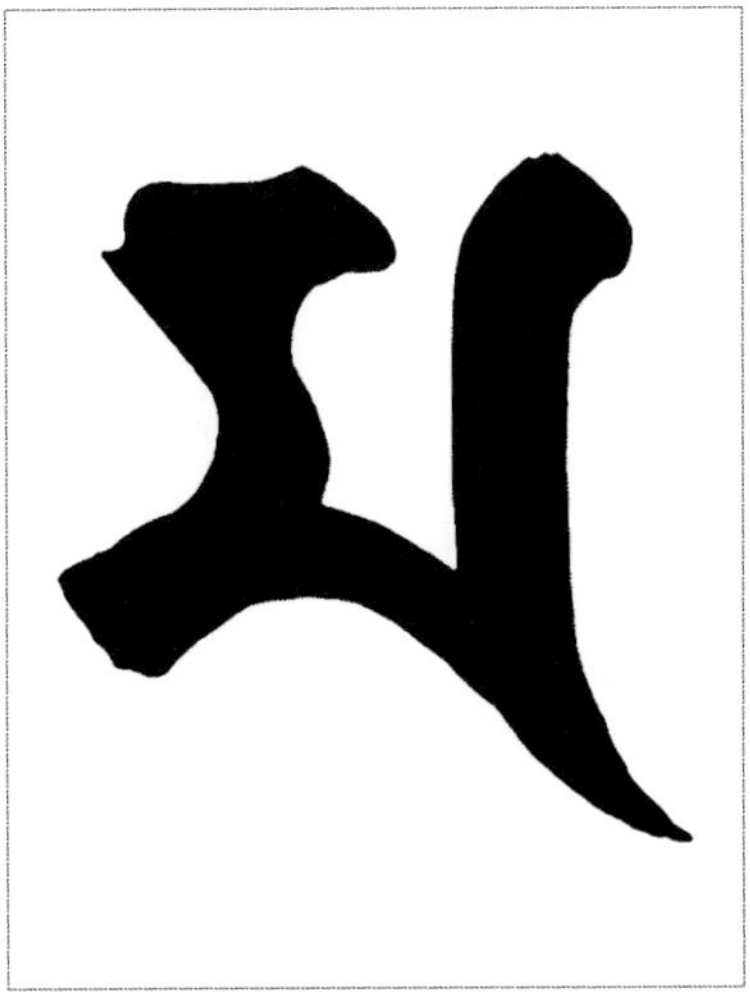

『悉曇三密鈔《しったんさんみっしょう》』には、麼・摩・磨などの音写も見られる。体文《たいもん》二十五番目の文字で五類声《ごるいしょう》第五句、唇音《しんおん》の五番目で鼻音。字義は「吾我」でサンスクリット語の「mamatā」に由来すると思われる。この文字を種子とする大黒天は七福神の一柱として知られるが、元々はヒンドゥー教の破壊神シヴァの化身マハーカーラ（mahākāla）が密教にとり入れられた尊格。胎蔵曼荼羅では摩訶迦羅《まかきゃら》天《でん》として、黒色・三面六臂・三目の忿怒形で描かれ、七福神としての姿とは大きく異なる。慾金剛菩薩は五秘密の一尊。五秘密の内証である「大楽」のサンスクリット語「オン（om）マ（ma）カ（hā）ソ（su）キャ（kha）」の五字を五尊それぞれに種子として配当したものの「マ（ma）」に相当する。

種子

孔雀明王（孔雀王母《も》）・金剛食《こんごうじき》天・自在女・星宿・孫婆《そんば》菩薩・大黒天・帝釈女《たいしゃくにょ》（帝釈天妃《たいしゃくてんひ》）・大自在天・大日如来（胎蔵）・大力金剛・斗宿・那羅延天・毘紐女《びちゅうにょ》・摩竭宮《まかつくう》・摩睺羅迦《まごらが》・摩尼阿修羅・摩奴沙《まぬしゃ》・摩利支天・鬘供養使者・夜摩女《にょ》・慾金剛菩薩

153

【maṃ・鋡・マン】

他の書体

筆順

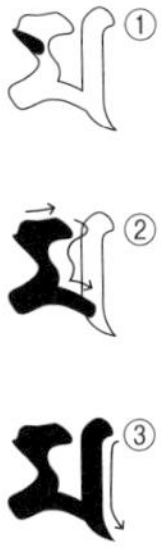

『悉曇三密鈔《しったんさんみっしょう》』は、瞞・曼・滿・縵・漫などを漢字音写として挙げる。マウ（ma）字に空点《くうてん》を付けた文字。文殊菩薩の種子として用いられる。文殊菩薩は胎蔵曼荼羅中台八葉院と文殊院に描かれ、種子曼荼羅では中台八葉院には「ア（a）」字が、文殊院にはこの文字が書かれる。十三仏の一尊、また卯年の守り本尊として書かれる場合もこの文字が種子となる。同じくこの文字を種子とする不空三蔵は唐代の中国に実在した僧で不空金剛ともいう。不空は真言宗付法の八祖の第六祖、伝持の八祖の第四祖。『金剛頂《こんごうちょう》一切《いっさい》如来《にょらい》真実《しんじつ》摂大《しょうだい》乗現証《じょうげんしょう》大教王経《だいきょうおうきょう》』（『金剛頂経』）をはじめ、大量の密教経典を漢訳した訳経僧で、鳩摩羅什《くまらじゅう》・真《しん》諦《だい》・玄奘《げんじょう》と並んで四大訳家と称される。

種子

金剛因菩薩・大威徳明王・不空三蔵・摩利文天・曼荼羅菩薩・妙音菩薩・文殊菩薩

他の書体

154【mā・莽引・マー】

麼引・摩引などの音写も見られる。マウ（ma）字に長音記号アー（ā）点を付した文字。持鬘天は梵名の「マーラーダラ（mālādhara）」の頭文字であるこの文字を種子とする。他化自在天の眷属とされ、胎蔵曼荼羅においても最《さい》外《げ》院《いん》北方の他化自在天の近くに配される。

種子

持鬘天・七《しち》母《も》天《てん》

他の書体

155

【mā + li + cya・摩利支也・マリシヤ】

摩利支天の真言中、「マリシエイ」の「マ」「リ」「シ」「エイ」を示す梵字四字を合成《ごうじょう》して一字にし、摩利支天の種子とした文字。摩利支天真言の「マリシエイ」は本来「marīciye」であるが、この種子では「rī」を「li」としている。この文字を「mā + li + cya」とローマ字表記することが適当であるか検討が必要であるが、梵字の綴字法《ていじほう》上アー（ā）点とイ（i）点が一文字に共存することはありえないことと、漢字音写などからこのように表記した。

種子

摩利支天

他の書体

156【mi・弭・ミ】

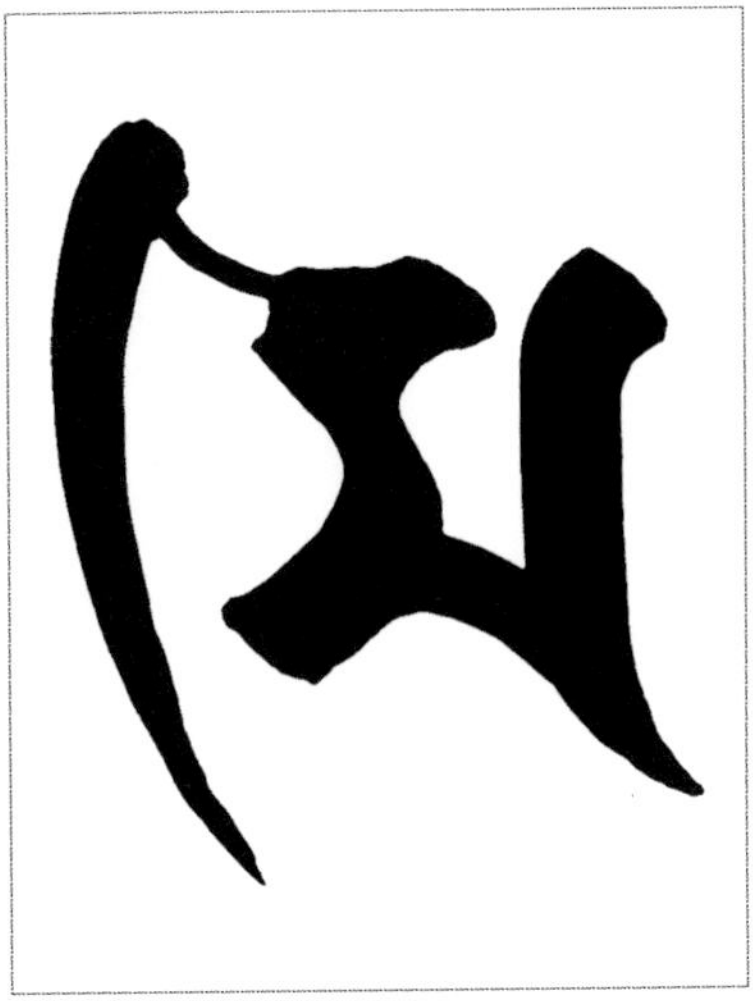

ほかに、彌・蜜・密などの音写があり、用例としても「阿彌陀《あみだ》」の「彌」や「般若波羅蜜多《はんにゃはらみた》」の「蜜」など、比較的よく知られているものである。マウ（ma）字にイ（i）点を付した文字。二十八宿の一つ、張宿の梵名は「プールヴァパルグニー（pūrva-phalgunī）」だが、この文字を種子とする理由について『密教大辞典　縮刷版』（法藏館）には「是れ古來この尊の梵號を蜜多羅なりとせるよりその頭字を取りたるもの。」とあるが、「蜜多羅」のアルファベット表記は不明。男女宮《なんにょくう》は十二宮の一つで夫婦宮ともいい、梵名「ミトナ（mithuna）」の頭文字であるこの文字を種子とする。

種子

張宿・男女宮《なんにょくう》

他の書体

157 【mī・弭引・ミー】

マウ（ma）字にイー（ī）点を付した文字。この文字を種子とする双魚宮《そうぎょくう》は十二宮の一つ。十二宮は天球上の太陽の通り道、黄道を十二の星座で分けたもので、我々がよく知る西洋の十二星座とほぼ一致する。双魚宮《そうぎょくう》はいわゆる「魚座」に相当する。種子は梵名「ミーナ（mīna）」の頭文字によるもの。

種子

双魚宮《そうぎょくう》

他の書体

158

【mu・牟・ム（モウ）】

母・慕・目・謨・畝などの漢字音写も見られる。マウ（ma）字にウ（u）点を付した文字。ウ（u）点は一部の例外を除いて、体文の半体上部に鶯《うぐいす》点《てん》、あるいは雲形《くもがた》点《てん》を付ける形となる。この文字の場合、資料ではほとんどが鶯点を用いている。如来喜菩薩は仏の四無量心、慈・悲・喜・捨のうち喜無量心を司る尊。種子は梵名の「タターガタムディター（tathāgata-muditā）」に由来する。

種子
如来喜菩薩・尾宿

他の書体

異体字

【mṛ・密哩・ミリ（ムリ）】

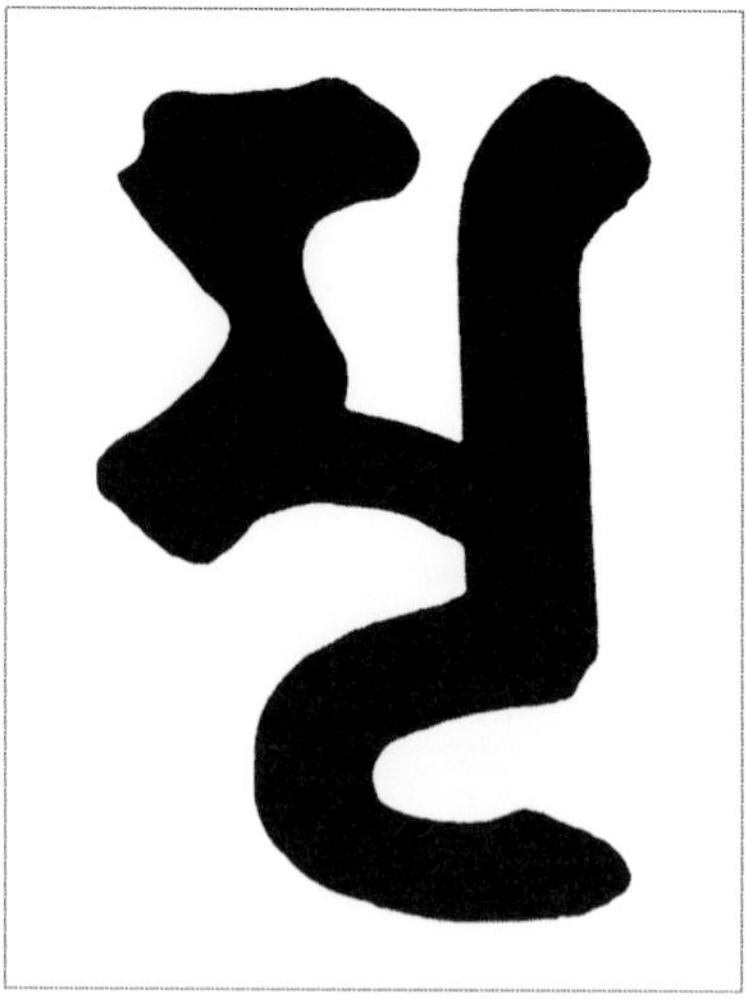

蜜利・密利・蜜喋・沒哩・麼哩・謎喋など、比較的多くの音写が見られる。マウ（ma）字に別《べつの》摩多《また》（特殊母音）のリ（ṛ）を切り継いだ文字。リ（ṛ）を各体文に合成《ごうじょう》する文字は、悉曇十八章の第十六章で建立する。二十八宿の一つで、胎蔵曼荼羅最外院《さいげいん》西方に位置する觜宿《ししゅく》の梵名は「ムリガシラス（mṛgaśiras）」で、その頭文字であるこの文字を種子とする。

種子

觜宿《ししゅく》・質多羅《しったら》童子

他の書体

160
【me・迷・メイ】

種子

水天・白羊宮《びゃくようくう》

他の書体

茗・銘・謎なども音写される。マウ（ma）字にエー（e）点を付けた文字。水天は通常、ア（a）やバ（va）などが種子とされるが、この文字を種子とする説がある。白羊宮《びゃくようくう》は十二宮の一つで、梵名「メイシャ（meṣa）」の頭文字であるこの文字を種子とする。

161

【mai・毎・マイ】

味・梅・彌などの漢字音写も見られる。マウ（ma）字にアイ（ai）点を付けた文字。胎蔵曼荼羅釈迦院に配される如来慈菩薩は梵名の「タターガタマイトリー（tathāgata-maitrī）」の頭文字であるこの文字を種子とする。梵天は通常その梵名の頭文字であるボラ（bra）が種子とされるが、金剛界種子曼荼羅に外金剛部《げこんごうぶ》二十天として書かれる場合はこの文字を種子とすることがある。

種子

如来慈菩薩・方便波羅蜜菩薩・梵天・鬘供養

他の書体

162

【mo・謨・モウ（モ・ボウ・ボ）】

『悉曇三密鈔《しったんさんみっしょう》』には、慕・暮・無・膜・謀・畝などの音写も見られる。マウ（ma）字にオー（o）点を付けた文字。不空羂索《ふくうけんじゃく》観音は、梵名を「アモーガパーシャ（amoghapāśa）」といい、梵名中の一字であるこの文字を種子とする。六観音（七観音）中の一尊で胎蔵曼荼羅においては観音院に列する。

種子

不空羂索《ふくうけんじゃく》観音

他の書体

163

【mre・母隷・ボレイ（ミレイ）】

沒囉・末盧などの音写も見られる。マウ（ma）字の半体上部とラ（ra）字の半体下部を合成《ごうじょう》し、エー（e）点を付した文字。如来慇菩薩は胎蔵曼荼羅釈迦院に描かれる菩薩。梵名の「タターガタムレイディター（tathāgata-mreḍitā）」が種子の由来。

種子

如来慇菩薩

他の書体

164

【mhklya・摩訶迦羅耶・マカギャラヤ】

摩訶迦羅耶という音写は宥山の『梵書朴筆手鑑』によるもの。大黒天の真言中「マカギャラヤ（mahākālāya）」の「マ（ma）」「カ（hā）」「ギャ（kā）」「ラ（lā）」「ヤ（ya）」を合成《ごうじょう》して一字とし、大黒天の種子としたもの。「カ（hā）」の部分にアー（ā）点を付け、「ギャ（kā）」の部分を半体下部としない文字があるので、異体字として挙げる。

種字

大黒天

他の書体

異体字

165【ya・野・ヤ】

字義◆乗《じょう》

也・夜・耶・蛇なども音写する。体文《たいもん》二十六番目の文字で遍口声《へんくしょう》の一番目の文字。体文《たいもん》は五《ご》類声《るいしょう》一句から五句まで、五文字ずつ喉・顎・舌・歯・唇の発音種別に分けられるが、これに含まれないものが遍口声《へんくしょう》に分類される。この遍口声について、『密教大辞典　縮刷版』（法藏館）は「五類聲が喉・顎・舌・齒・唇の相異あるに対し、此諸音は通じて五處より出で、口腔の全部に依りて出づる音なるが故に遍口又は満口聲と名く。」とする。ヤ（ya）は半母音。字義は「乗」でサンスクリット語で「乗り物」を意味する「yāna」に由来する。

種子

薬叉持明《やくしゃじみょう》（夜叉《やしゃ》）・薬叉持明女《やくしゃじみょうにょ》（夜叉女《やしゃにょ》）・耶輸《やしゅ》陀羅《だら》菩薩・夜摩女《やまにょ》

他の書体

筆順

166

【yaṃ・焰・エン（ヤン）】

『悉曇三密鈔《しったんさんみっしょう》』には、閻・琰・炎・演・延・鹽・衍などの音写も見られる。ヤ（ya）字に空点《くうてん》を付けた文字。閻魔天《えんまてん》は十二天の一尊で胎蔵曼荼羅では最外院《さいげいん》南方、金剛界曼荼羅では二十天の一尊として外金剛部《げこんごうぶ》北方に位置する。梵名の「ヤマラージャ）（yamarāja）」が種子の由来。

種子

閻魔天《えんまてん》・瞿曇仙《くどんせん》・如来愍菩薩・悲愍菩薩・耶輸《やしゅ》陀羅《だら》菩薩

他の書体

167

【yu・瑜・ユ】

庾・喩・諭・愈なども音写される。ヤ（ya）字にウ（u）点を付けた文字。鶯点《うぐいすてん》・雲形点《くもがたてん》のどちらも資料に見られる。弘法大師の種子として用いられる場合は雲形点が選択されている。弘法大師の種子は元々「カン（hāṃ）」が用いられていたようであるが、大師が入定される時、自身が閉眼の後は兜《そ》率《とつ》天《てん》に往生し、弥勒《みろく》菩薩に仕えて五十六億余年の後に弥勒菩薩と共に必ず下生する、と弟子達に告げたことから、弥勒菩薩の種子であるこの文字が弘法大師の種子として用いられるようになったと考えられる。

種子

孔雀明王（孔雀王母《も》）・弘法大師・最勝太子・帝釈天・普賢延命《ふげんえんめい》菩薩（大安楽真実菩薩）・弥勒《みろく》菩薩

他の書体

異体字

168【yuḥ・欲・ヨク】

音写を慾とする資料もある。ヤ（ya）字にウ（u）点を付け、涅槃点を加えた文字。普賢延命《ふげんえんめい》菩薩の種子。普賢延命《ふげんえんめい》菩薩は胎蔵曼荼羅では大安楽真実菩薩として遍知院に描かれ、胎蔵種子曼荼羅ではキャ（ka）とする作例が多い。ウ（u）点に鶩点を用いる例がほとんどだが、澄禅の『種子集』には雲形点《くもがたてん》で書かれた文字（朴筆書体）が見られる。

種子
普賢延命《ふげんえんめい》菩薩（大安楽真実菩薩）

他の書体

異体字

169 【ra・囉・ラ】

字義◆塵垢《じんく》

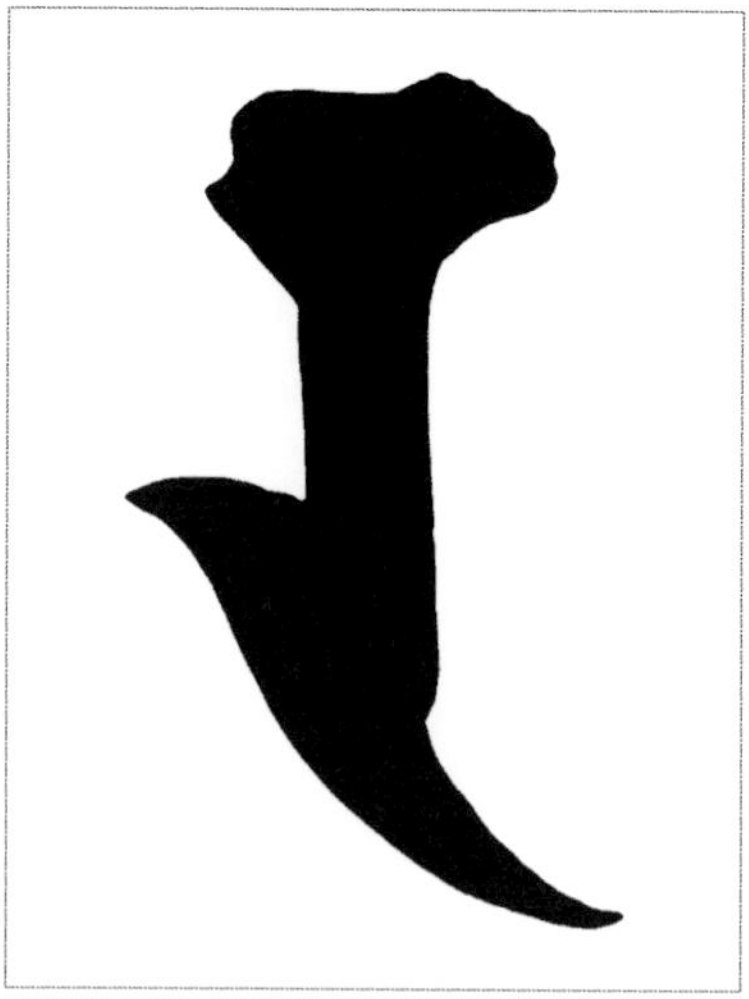

羅とも音写する。体文《たいもん》二十七番目の文字で遍《へん》口声《くしょう》の二番目の文字。字義は「塵垢《じんく》」。サンスクリット語で「塵」を意味する「raja」あるいは「rajas」に由来する。六大のうちの火大の種子として塔婆の表面《おもて》に書かれる。火大の種子であるため、十二天の一尊である火天の種子としても用いられる。不思議慧童子は文殊八大童子の一尊で、八字文殊の真言八字のうちの一文字であるこの文字が種子とされた。

種子

雲金剛・火大・火天・最勝太子・施無畏《せむい》菩薩・不思議慧童子・宝供養・羅喉星《らごせい》

他の書体

筆順

170
【raṃ・藍・ラン】

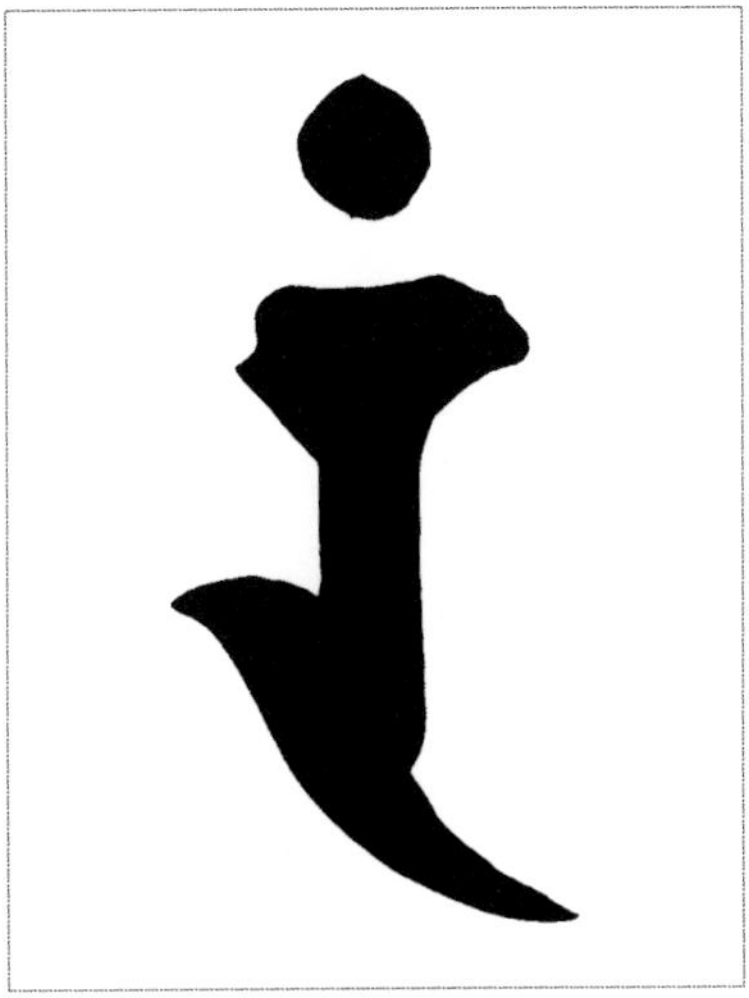

他に、覧・嚂・囕などの漢字音写も見られる。

ラ（ra）字に空点《くうてん》を付した文字。塵垢《じんく》を表すラ（ra）字に空点《くうてん》を加えることで、塵垢を焼除することを示し、煩悩を焼き尽くす智慧の炎を表す。密教の修法で重要な文字。金剛界三十七尊十六大菩薩の一尊、金剛《こんごう》語菩薩の種子。また胎蔵五仏の一尊で、胎蔵曼荼羅中台八葉院東方に描かれる宝《ほう》幢《どう》如来は通常ア（a）字を種子とするが、この文字も種子の一つとされる。

種子

金剛《こんごう》語菩薩・辯積《べんしゃく》菩薩・宝幢《ほうどう》如来

他の書体

171

【rā・囉引・ラー】

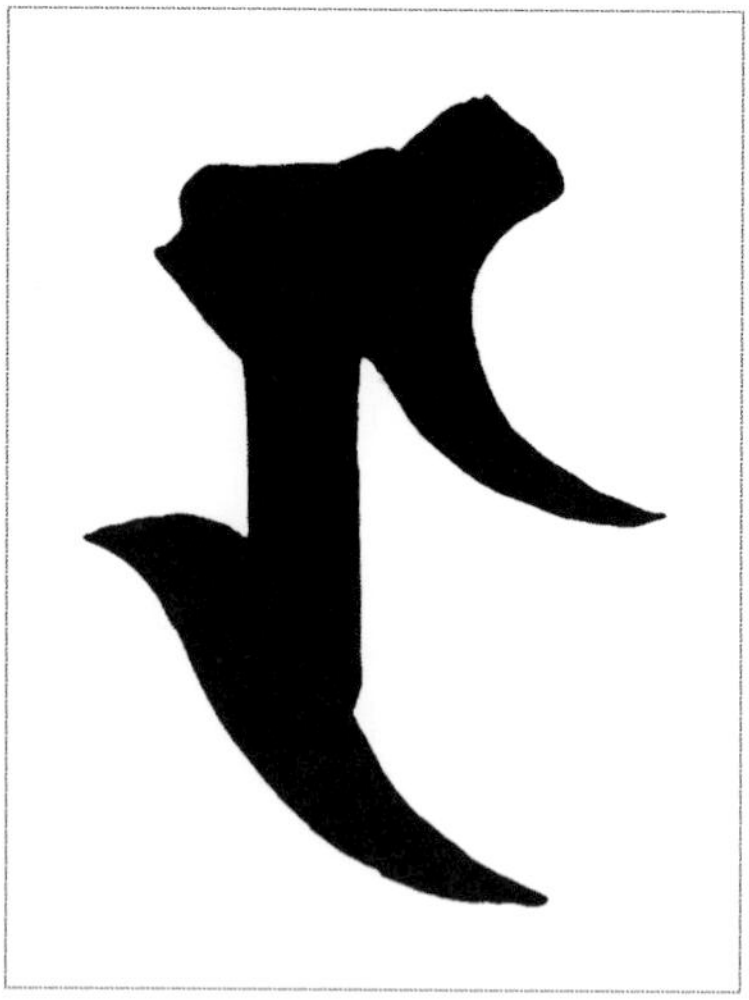

ラ（ra）字にアー（ā）点を加えた文字。羅引とも漢字音写される。羅喉星《らごせい》（rāhu）・羅刹天（rākṣasa）・羅刹女《にょ》（rākṣasī）共に梵名の頭文字であるこの文字が種子として用いられる。羅喉星《らごせい》は、地球から見た月の軌道（白道《はくどう》）と太陽の軌道（黄道《こうどう》）が交わる二カ所の点のうち、月が南から北へ越える昇交点を架空の天体としたインド天文学に由来するもの。羅喉星を日月蝕とする異説もある。

種子

羅喉星《らごせい》・羅刹天（涅哩底王《にりちおう》）・羅刹女《にょ》

他の書体

172【ri・哩・リ】

『悉《しっ》曇《たん》三《さん》密《みつ》鈔《しょう》』には、嘌・唎・利・履・梨・理・離など数多くの漢字音写の例を挙げられている。ラ（ra）字にイ（i）点を付した文字。金剛界三十七尊中の十六大菩薩の一尊、金剛《こんごう》法菩薩の三《さん》昧《ま》耶《や》会《え》における種子。

種子

金剛《こんごう》法菩薩

他の書体

173【rīṃ・唳・リン】

憐・隣・楞という音写も見られる。ラ（ra）字にイ（i）点を付し、さらに空点《くうてん》を加えた文字。共発意転輪菩薩《ぐほついてんりんぼさつ》は通常種子をシャ（ca）とするが、『大日経』に説かれる虚空慧菩薩と同体とされることから、虚空慧菩薩の種子であるこの文字を種子とする説がある。

種子

共発意転輪《ぐほついてんりん》菩薩・虚空慧菩薩

他の書体

174
【ru・嚕・ル（ロ）】

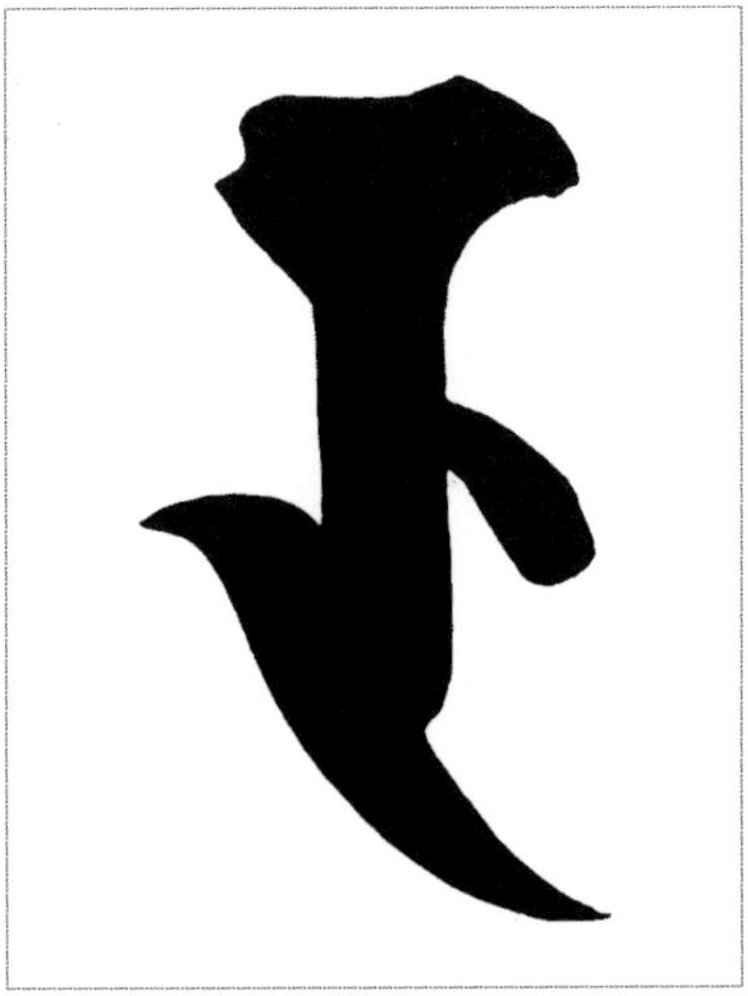

漢字音写を、魯・盧・樓・路などとする資料もある。ラ（ra）字にウ（u）点を付けた文字。ウ（u）点はほとんどの文字で鶯点《うぐいすてん》か雲形点《くもがたてん》のどちらかが選択されるが、ラ（ra）字の場合はラ（ra）字の縦画に点を打つ形で付けられる。合成《ごうじょう》字の最下部にラ（ra）字の半体下部が切り継がれている場合も、ラ（ra）字の半体下部の縦画に点を加えてウ（u）点とするので注意が必要である。大自在天は、ヒンドゥー教の破壊と再生を司る神シヴァが仏教にとり入れられたものであることから、シヴァの前身である暴風神ルドラと関連付けられる。大自在天の種子がこの文字とされるのも、ルドラ（rudra）の頭文字に由来する。また伊《い》舎那天《しゃなてん》の種子は通常「イ（i）」が用いられるが、伊舎那天は大自在天の化身とされることから、この文字が種子とされることがある。

種子

伊舎那天《いしゃなてん》・大自在天・妙見菩薩

他の書体

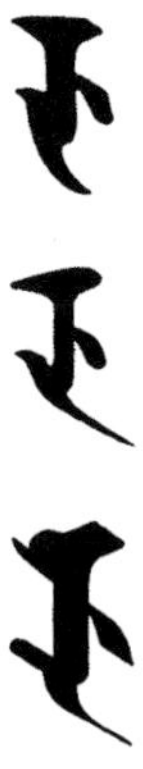

175

【re・⿰口隷・レイ】

麗・隷・禮・嚟などの音写も見られる。ラ（ra）字にエー（e）点を付けた文字。二十八宿の一つ。奎《けい》宿《しゅく》の種子とされている。二十八宿は天の赤道付近を二十八に分割し、その区分の基準となった二十八の星座。

種子

奎《けい》宿《しゅく》

他の書体

176

【ro・盧・ロー（ロ）】

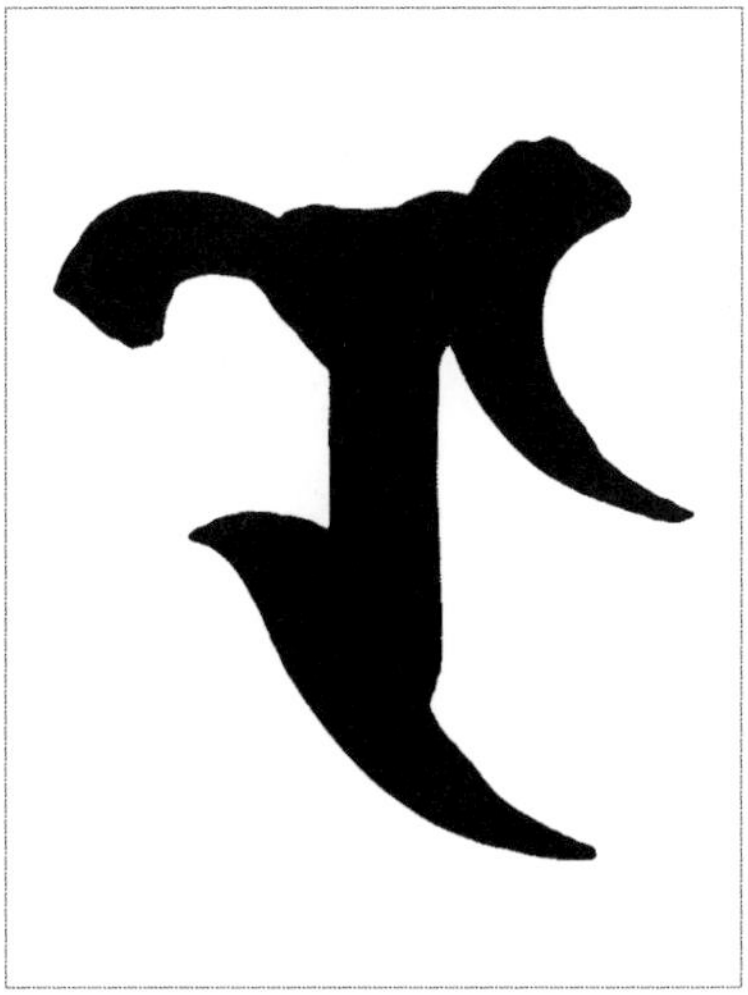

嚕・路・露などと漢字音写される例がある。ラ（ra）字にオー（o）点を付けた文字。天部の通種字であることから非常に多くの尊の種子として用いられる。天部は仏教における諸尊の分類、如来・菩薩・明王に次いで最下位の四番目に置かれる尊格の総称。天部に属するのは、元々仏教以外の神々が仏教にとり入れられ、仏教の守護神となったもの。四天王・八部衆・十二天・十二神将・二十八部衆などの他、二十八宿などの星宿も含まれる。

種子

天部の通種子・阿修羅・角宿《かくしゅく》・訶利帝母（鬼子母神）・迦楼羅《かるら》・鬼宿・箕宿《きしゅく》・危宿・器手天・器手天后・喜面天・牛宿《ぎゅうしゅく》・虚宿・空無辺処天・奎宿《けいしゅく》・計都星《けいとせい》・光音天・亢宿《こうしゅく》・識無辺処天・自在女・觜宿《ししゅく》・室宿《しつしゅく》・持鬘天・守門天・守門天女・常酔天・成就持明仙・心宿・参宿《しんしゅく》・軫宿《しんしゅく》・井宿《せいしゅく》・星宿・大光音天・他化《たけ》自在天・張宿・氐《てい》宿《しゅく》・斗宿・尾宿・悲想悲悲想天・畢宿《ひつしゅく》・飛天・壁宿《へきしゅく》・昴宿《ぼうしゅく》・房宿・無所有処天・薬叉持明女《やくしゃじみょうにょ》（夜叉女）・翼宿・羅刹女《にょ》・柳宿《りゅうしゅく》・婁宿《ろうしゅく》・他

他の書体

177

【ṛsaṃ・㗚釤・リサン（アロセン・アラサン）】

ラ（ra）字とシャ（ṣa）字の合成字《ごうじょう》に空点《くうてん》を加えた文字。羅參という漢字音写も見られる。悉曇十八章中、第八章で建立する文字。十八章ではラ（ra）字を最上部とする文字を第八章から第十四章で建立する。合成字《ごうじょう》でラ（ra）字が最上部となる場合、ラ（ra）字の次に合成《ごうじょう》される文字は、原則として半体下部の形を取らない。この文字を種子とする婆藪仙《ばそせん》は千手観音の眷属である二十八部衆の一尊で、胎蔵曼荼羅の虚空蔵院と最外院《さいげいん》に配される。

種子

婆藪仙《ばそせん》

他の書体

178
【la・邏・ラ】
字義◆相《そう》

他の漢字音写として『悉曇三密鈔《しったんさんみつしょう》』は、攞・羅・砢・洛・臘を挙げる。体文《たいもん》二十八番目の文字で遍口声《へんくしょう》三番目の文字。字義は「相《そう》」で、原語はサンスクリット語の「lakṣaṇa」。閻魔天の種子は通常「エン（yaṃ）」「ベイ（vai）」「キャ（ka）」とされるが、淳祐《しゅんゆう》の『石山七集』にはこの文字とする記述が見られ、また澄禅の筆による智積院蔵両界種子曼荼羅図の他、東寺蔵の両界種字曼荼羅など、実際の種子曼荼羅の作例においても金剛界曼荼羅の閻魔天にこの文字を用いている。最勝太子は毘沙門天五太子の一尊。

種子

閻魔天・最勝太子

他の書体

筆順

179

【laṃ・藍・ラン】

覧・攬などの音写も見られる。ラ（la）字に空《くう》点《てん》を加えて音節末の鼻音を示した文字。この文字を種子とする白傘蓋仏頂《びゃくさんがいぶっちょう》は五仏頂の一尊で、胎蔵曼荼羅釈迦院に描かれる。仏頂とは仏の頭頂部（肉髻《にくけい》）の功徳である最勝最尊の仏智を尊格化したもの。

種子

白傘蓋仏頂《びゃくさんがいぶっちょう》

他の書体

180

【lo・路・ロウ（ロ）】

盧・虜などの音写も見られる。ラ（la）字にオー（o）点を付けた文字。字母にオー（o）点を付けると、元々ア（a）だった母音がオー（o）となる。天部の通種子として用いられる。天部は世天ともいい、世間を意味するサンスクリット語「loka」の頭文字がこの文字であることから天部の通種子として用いられると考えられる。天部の通種子としては他にロー（ro）字がよく用いられる。

種子

天部の通種子

他の書体

181 【llaṃ・濫・ラン】

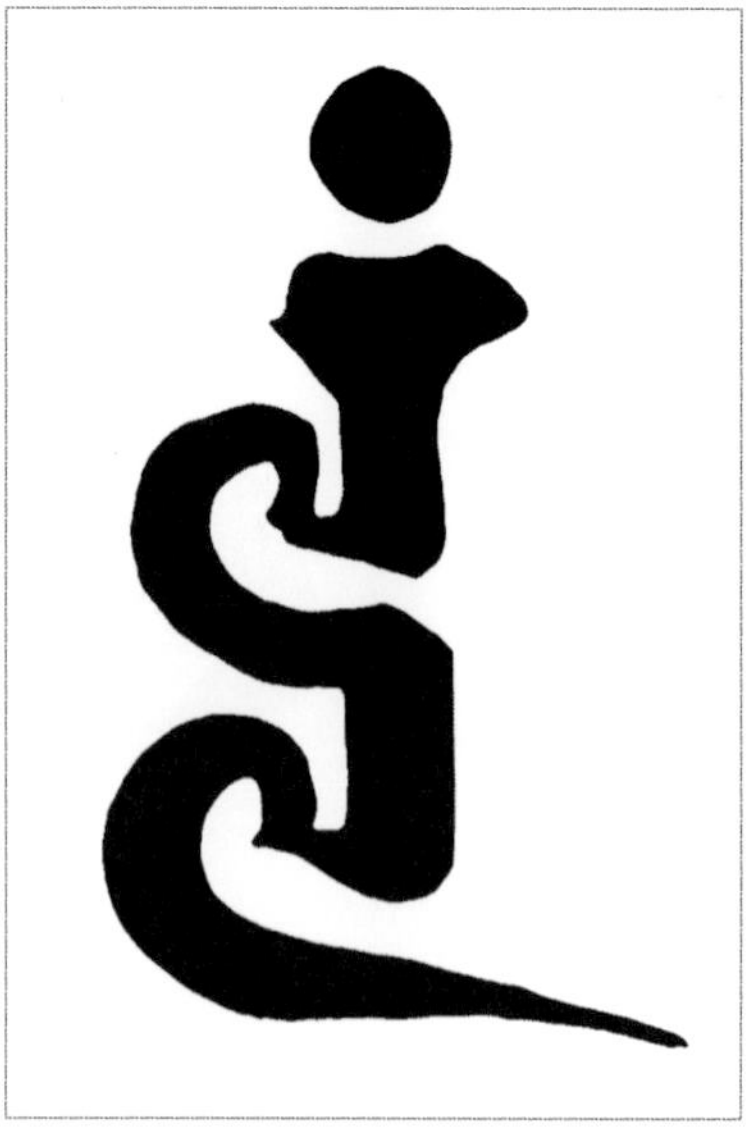

漢字音写について、安然の『悉曇蔵』など「藍」とする資料もある。この文字はラ（la）字を二つ切り継いだ合成《ごうじょう》字であるため厳密には字母とはいえない。そのため不空訳『喩伽《ゆが》金剛頂《こんごうちょう》経釈字母品《ぎょうしゃくじもぼん》』などにはこの文字は見られず、また字義も与えられていない。しかし智広の『悉曇字記』などに示されるため、現在広く用いられている字母表には、同じ文字を二つ合成《ごうじょう》した同体重字の一例として、この文字を加えている。字母表では体文《たいもん》三十四番目の文字、遍口声《へんくしょう》九番目の文字として「カ（ha）字」の次に置かれるが、凡例にも記したように一般的なサンスクリット語辞書の配列順にしたがった。

他の書体

筆順

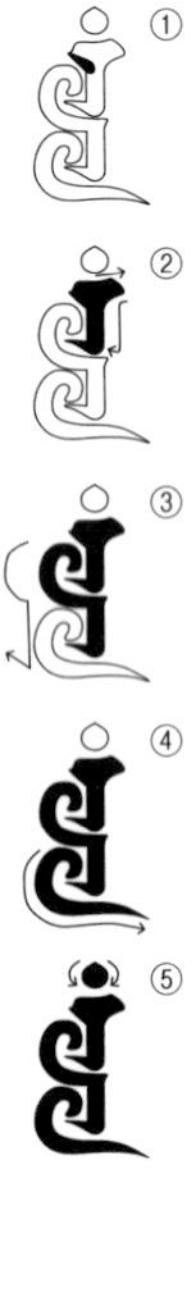

182

【va・嚩・バ】

字義◆言説《ごんぜつ》

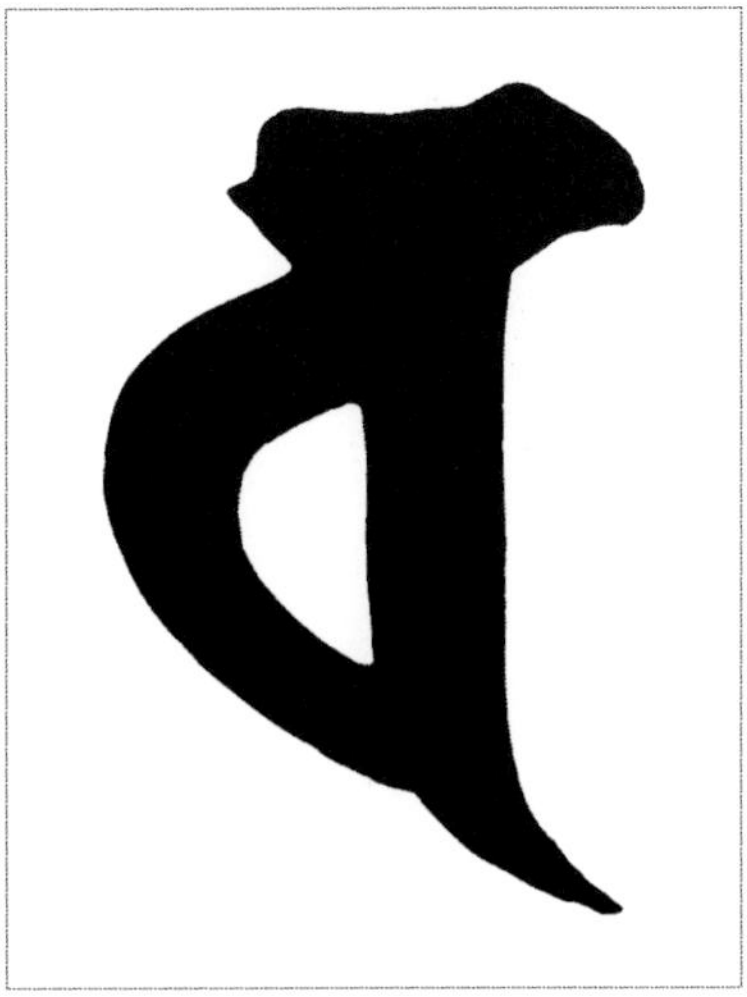

婆・和・縛などと音写する例もある。体文《たいもん》二十九番目の文字で遍口声《へんくしょう》四番目の文字。字義は「言説《ごんぜつ》」で原語はサンスクリット語の「vāc」。六大のうち水大の種子として卒塔婆などに書かれる。字義「縛」のバ（ba）字と片仮名表記が同じで、字形もよく似ていることから誤って書写された例も多い。古くからこの文字は半月形、「縛」のバ（ba）字は蓮実形と呼び、線で囲まれた白い部分の形状によって区別した。この文字を種子とする金剛蔵菩薩は賢劫十六尊の一尊として、金剛界曼荼羅に描かれる。水天は十二天の一尊で、梵名の「バルナ（varuṇa）」の頭文字であるこの文字を種子とする。

種子

金剛衣服《こんごうえぶく》天・金剛蔵菩薩・金剛部発生《ほっしょう》菩薩・水大・水天・如来毫相菩薩・如来語菩薩・破軍《はぐん》星《しょう》・婆藪仙《ばそせん》・婆藪仙妃《ばそせんひ》

他の書体

異体字

筆順

183 【vaṃ・鑁・バン】

バ（va）字（言説《ごんぜつ》）に空点《くうてん》を加えた文字。真言密教の教主で根本仏、大日如来の種子とされている。大日如来には『金剛頂経』に説かれる金剛界大日如来と『大日経』に説かれる胎蔵大日如来の別があり、この文字を種子とするのは金剛界大日如来。金剛界曼荼羅において、九会《くえ》のうち理趣会《りしゅえ》を除いた八会の主尊として、各会の中央に描かれる。申・未年の守り本尊。また、卒塔婆《そとば》の裏面には、仰月点《ぎょうがってん》を用いたこの文字を卒塔婆に刻まれた五大の形にわたって長く書き、胎蔵大日を幖《ひょう》幟《じ》した表の五大とあわせて両部不二を表す。

種子

開敷華王《かいふけおう》如来・金剛語菩薩・金剛薩埵《こんごうさった》・金剛夜叉明王・太元帥明王・大勝金剛・大随求《だいずいぐ》菩薩・大日如来（金剛界）・弥勒菩薩

他の書体

184

【vaḥ・縛・バク】

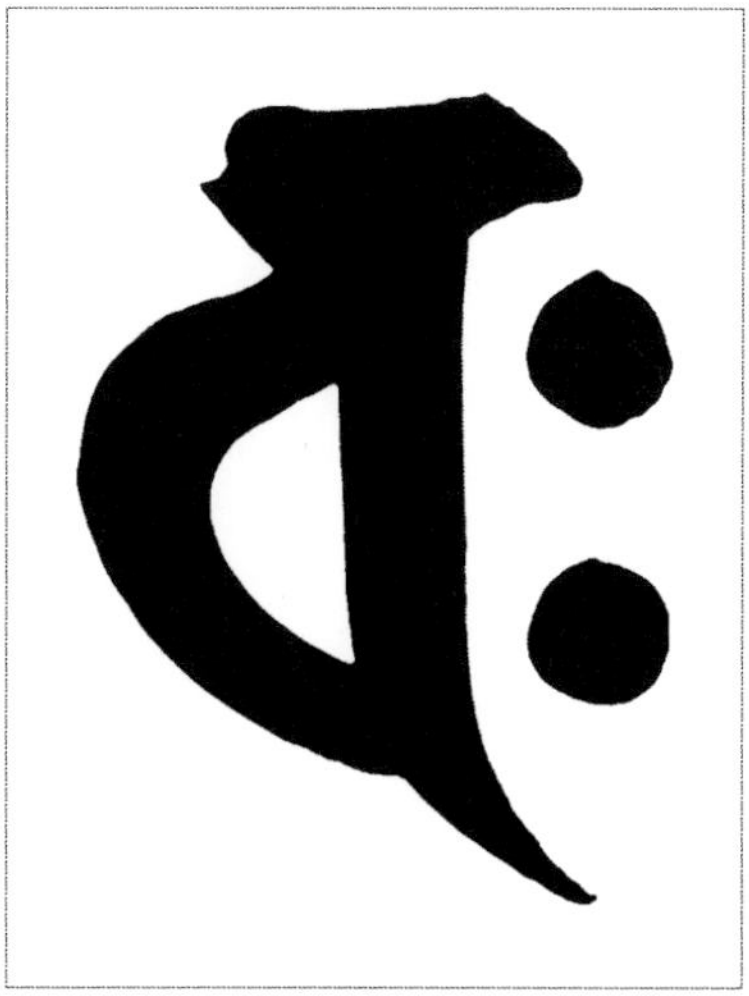

嚩・嗼などの漢字音写も見られる。バ（va）字に涅槃点を付けた文字。この文字を種子とする梅《せん》檀《だん》香《こう》・多《た》摩《ま》羅《ら》香《こう》・宝《ほう》輻《ふく》・輪《りん》輻《ぷく》の四人の辟《びゃく》支《し》仏《ぶつ》はいずれも胎蔵曼荼羅釈迦院に配される尊。辟《びゃく》支《し》仏《ぶつ》はサンスクリット語「pratyeka-buddha」の漢字音写で、縁覚・独覚などと漢訳される。それぞれ、十二因縁を知りその理法によって悟った（縁覚）、師の教えによらずひとりで悟った（独覚）ことを意味する。

種子

金剛無勝結護者・梅《せん》檀《だん》香《こう》辟《びゃく》支《し》仏《ぶつ》・多《た》摩《ま》羅《ら》香《こう》辟《びゃく》支《し》仏《ぶつ》・宝《ほう》輻《ふく》辟《びゃく》支《し》仏《ぶつ》・輪《りん》輻《ぷく》辟《びゃく》支《し》仏《ぶつ》

他の書体

185

【vā・嚩引・バー】

バ（va）字にアー（ā）点を付けた文字。母音ア（a）が長音（ā）となる。この文字を種子とする、楽天《がくてん》、風天は共に胎蔵曼荼羅最外院《さいげいん》の尊。梵名をそれぞれ「ヴァーディヤデーヴァター（vādya-devatā）」（楽天）、「ヴァーユ（vāyu）」（風天）といい、頭文字であるこの文字が種子とされている。

種子

楽天《がくてん》（鼓天）・風天

他の書体

186

【vāṃḥ・バーンク】

バ（va）字にアー（ā）点を付し、さらに空点《くうてん》と涅槃点を加えた文字。金剛界大日如来の種子として用いられることがある。五つの点を具えたバ（va）字であり、五点具足のバ（va）字と呼ばれる。五点とは、発心《ほっしん》点（a）・修行点（ā）・菩提点（aṃ）・涅槃点（aḥ）・方便点（āḥ）の五つで、密教における五つの修行の階梯を表す。

種子

大日如来（金剛界）

他の書体

187

【vi・尾・ビ】

バ（va）字にイ（i）点を付した文字。この文字を種子とする増長天・広目天は共に四天王の一尊。増長天は南方、広目天は西方の守護神。梵名は増長天が「ヴィルーダカ（virūḍhaka）」、広目天が「ヴィルーパークシャ（virūpākṣa）」で、それぞれ梵名の頭文字が種子とされている。

種子

楽天《がくてん》（鼓天）・救護慧《くごえ》菩薩（悲愍慧菩薩）・賢護菩薩（除疑怪《じょぎけ》菩薩）・広目天・識無辺処天・地天（堅牢地神《けんろうじじん》）・精進波羅蜜菩薩・塗香《ずこう》供養菩薩・増長天・大精進菩薩・氐宿《ていしゅく》・那羅延天・微惹耶《びじゃや》・毘紐女《びちゅうにょ》・辯積《べんしゃく》菩薩

他の書体

188
【vī・尾引・ビー】

バ（va）字にイー（ī）点を付した文字。十波羅蜜の一尊、精進波羅蜜は梵名を「ヴィールヤパーラミター（vīrya-pāramitā）」といい、その頭文字であるこの文字が種子とされている。胎蔵曼荼羅虚空蔵院に配される尊。

種子
精進波羅蜜菩薩

他の書体

189

【vṛ・毘利・ビリ】

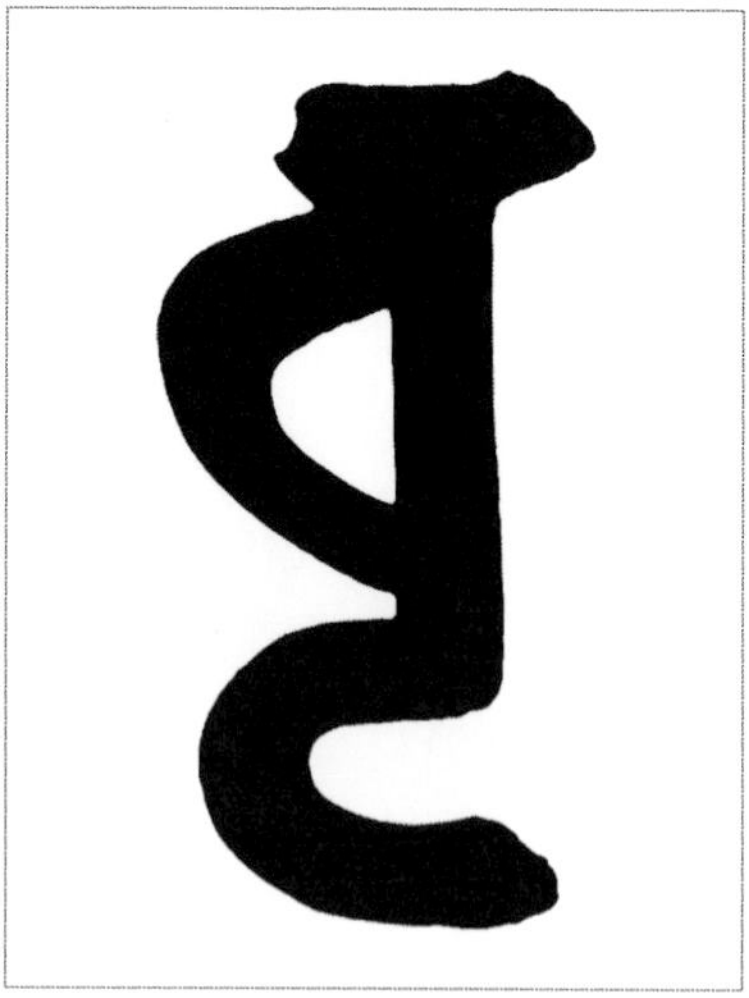

明覚撰『悉曇要訣』には「没哩」との音写がみられる。バ（va）字に別摩多《べつのまた》（特殊母音）リ（ṛ）の半体を付した文字。悉曇十八章では第十六章で建立する。星宿神である十二宮の一つで胎蔵曼荼羅最外院《さいげいん》西方に描かれる蝎虫宮《かっちゅうぐう》の種子。蝎虫宮の梵名、「ヴィリシュチカ（vṛścka）」の頭文字がその由来。

種子　蝎虫宮《かっちゅうぐう》

他の書体

190

【vai・吠・ベイ】

バ（va）字にアイ（ai）点を加えた文字。この文字を種子とする貪狼星《とんろうしょう》は、北斗七星の第一星で、妙見曼荼羅や北斗曼荼羅などに描かれる尊。毘沙門天《びしゃもんてん》は八方天・十二天の一尊で、梵名「ヴァイシュラバナ（vaiśravaṇa）」の頭文字であるこの文字が種子とされる。七福神にも名を連ね、多聞天として四天王の一尊にも数えられる。独尊として祀られることも多く、天部の中でも最も信仰される尊格の一つである。

種子

閻魔天《えんまてん》・貪狼星《とんろうしょう》・毘沙門天《びしゃもんてん》（多聞天《たもんてん》）

他の書体

191

【vai ＋ clmdya・吠室羅曼拏耶・ベイシラマンダヤ】

毘沙門天《びしゃもんてん》の種子として用いられる。毘沙門天の真言、「オン　ベイシラマンダヤ　ソワカ」の「ベイシラマンダヤ（吠室羅曼拏耶）」を一文字に合成《ごうじょう》した文字。この文字をそのままローマナイズするなら「vclmdyai」となるが、あくまでも「ベイシラマンダヤ」の合成《ごうじょう》字であるため、本書では「vai + clmdya」とした。また「ベイシラマンダヤ」は梵名の「ヴァイシュラバナ（vaiśravaṇa）」が変化したものであるため、本来は「cl」は「śr」、「md」は「vṇ」であるべきだが、漢字音写からこのような文字となったと考えられる。

種子

毘沙門天《びしゃもんてん》（多聞天）

他の書体

192

【śa・捨・シャ】

字義◆本性寂《ほんしょうじゃく》

『悉曇三密鈔』には、奢・爍・舍・釋などの音写も挙げる。体文《たいもん》三十番目の文字で遍口声《へんくしょう》五番目の文字。字義は「本性寂」。原語はサンスクリット語で「寂静」を意味する「śānti」。帝釈天の梵名は「indra」であるが、強力な神であることから、サンスクリット語で「力のある」「強い」を意味する「シャクラ（śakra）」の別名を持つ。

そのため、「シャクラ（śakra）」の頭文字であることの文字が種子として用いられることがある。

種子

危宿《きしゅく》・帝釈天《たいしゃくてん》・帝釈女《たいしゃくにょ》（帝釈天妃《たいしゃくてんひ》）・土曜・如来爍乞底《しゃきち》・秤宮《ひょうくう》・壁宿《へきしゅく》

他の書体

異体字

筆順

193

【śaṃ・苫・セン（サン）】

シャ（śa）字に空点《くうてん》を加えて音節末の鼻音を示した文字。音写については、瞻・睒・商などとする例が見られる。五仏頂の一尊で、胎蔵曼荼羅釈迦院に描かれる勝仏頂はこの文字を種子とする。

種子

勝仏頂

他の書体

異体字

194【śī・尸引・シー】

使・始・施などの音写も見られる。シャ（śa）字にイー（ī）点を付けた文字。十波羅蜜菩薩の一尊、戒波羅蜜はその梵名「シーラパーラミター（sīla-pāramitā）」の頭文字であるこの文字を種子とする。

種子

戒波羅蜜菩薩・吉祥天・最勝仏頂

他の書体

異体字

195【śu・戌・ス（シュ・ソウ）】

輸・秫・舜なども音写される。シャ（śa）字にウ（u）点を付けた文字。この文字を種子とする金曜は九曜の一つ。梵名の「シュクラ（śukra）」の頭文字が種子とされた。

種子

金曜

他の書体

異体字

196

【śai + ṭk・制吒迦・セイタカ】

矜羯羅《こんがら》童子と共に不動明王の脇侍として祀られる、制吒迦《せいたか》童子の種子。制吒迦童子の本来の梵名は「ceṭaka」であるが、日本語における「セイタカ」の音を示す文字を合成《ごうじょう》した文字であると思われる。文字の一番下に、怛達《たたつ》と呼ばれる母音を無くす記号が付加されているにも関わらず、アイ（ai）点が付けられていることから本書では「śai + ṭk」とローマ字表記した。「śai」「ṭa」「k」三字の合成《ごうじょう》字と考えることもできる。異体字はタ（ṭa）字に怛達《たたつ》を付け、さらにキャ（ka）字を合成《ごうじょう》したもので、「śai + ṭka」とも「śai」「ṭ」「ka」三字合成《ごうじょう》の文字ともとらえることもできよう。

種子

制吒迦《せいたか》童子

他の書体

異体字

197

【śra・室羅・シャラ（サラ）】

失羅・沙羅・奢羅・室囉などの音写も見られる。シャ（śa）字の半体上部にラ（ra）字の半体下部を合成《ごうじょう》した文字。悉曇《しったん》十八章では第三章で建立する。この文字を種子とするのは二十八宿の一つである女宿《じょしゅく》。梵名の「シュラヴァナー（śravaṇā）」に由来する。

種子　女宿《じょしゅく》

他の書体

異体字

198
【śrī・室里・シリ】

室利・室哩・始哩などと音写する例もある。シャ（śa）字とラ（ra）字の合成《ごうじょう》字、シャラ（śra）にイ（i）字を付してシリ（śri）とした文字。吉祥天の種子は多くの場合「シリー（śrī）」とされるが、この文字が用いられることがある。

種子
吉祥天《きちじょうてん》

他の書体

異体字

199【śrī・室哩・シリー】

室利とも音写される。シャ（śa）字とラ（ra）字の合成《ごうじょう》字、シャラ（śra）にイー（ī）点を付けた文字。シリー（śrī）は梵語で「美」「幸運」「富」「繁栄」などを意味する語で、「吉祥」と漢訳される。美と幸福の神として信仰される吉祥天はこの文字を種子とする。シリー（śrī）はまた「功徳」とも漢訳され、吉祥天は胎蔵曼荼羅においては功徳天（śrīdeva）として描かれている。

種子

吉祥天《きちじょうてん》・最勝仏頂《さいしょうぶっちょう》・仏眼仏母《ぶつげんぶつも》

他の書体

異体字

200

【śrūṃ・輸嚕吽・ショロン（シュロン・シロン）】

安然の『悉曇蔵』では「室林」と音写する。シャ（śa）字とラ（ra）字の合成《ごうじょう》字、シャラ（śra）にウー（ū）点を付し、さらに空点《くうてん》を加えた文字。合成《ごうじょう》字の最下部がラ（ra）字の場合、ウー（ū）はラ（ra）字の半体下部の縦画に点を二つ打つ形となる。胎蔵曼荼羅釈迦院に配される高《こう》仏頂（発《ほっ》生《しょう》仏頂）の種子。

種子

高《こう》仏頂（発《ほっ》生《しょう》仏頂）

他の書体

異体字

201【śroṃ・輸嚕唵・ショロン（シュロン・シロン）】

シャ（śa）字とラ（ra）字の合成《ごうじょう》字、シャラ（śra）にオー（o）点を付し、さらに空点《くうてん》を加えた文字。高仏頂（発生《ほっしょう》仏頂）の種子は通常「śrūṃ」が用いられるが、この文字とする説がある。

種子
高《こう》仏頂（発生《ほっしょう》仏頂）

他の書体

異体字

202【śrhyiṃ・叱洛呬焔・シロキエン】

シャ（śa）・ラ（ra）・カ（ha）・ヤ（ya）四字合《ごう》成《じょう》の字にイ（i）点を付け、さらに空点《くうてん》を加えた文字。一髻《いっけい》文殊《もんじゅ》の種子。文殊菩薩は髻《もとどり》の数によって一・五・六・八の別があり、真言に用いる文字数も異なる。一髻文殊の種子には異説も多い。この文字は実運撰『玄祕抄』（大正蔵七八）、成賢撰『薄双紙』（大正蔵七八）に見られるもの。

種子　一髻《いっけい》文殊《もんじゅ》

他の書体

異体字

203【ṣa・灑・シャ】

字義◆性鈍《しょうどん》

『悉曇三密鈔』には、沙・屣・刹・澁・瘵・瑟・鏟・殺との音写が見られる。体文《たいもん》三十一番目の文字で遍口声《へんくしょう》六番目の文字。字義は「性鈍《しょうどん》」。『密教大辞典　縮刷版』（法藏館）はこの字義の原語を明らかではないとし、種智院大学密教学会編『新梵字大鑑』（法藏館）は「ṣaṇḍha」とする。

種子

危宿《きしゅく》・帝釈天《たいしゃくてん》・帝釈女《たいしゃくにょ》（帝釈天妃《たいしゃくてんひ》）・土曜・如来爍乞底《しゃきち》・秤宮《ひょうくう》・壁宿《へきしゅく》

他の書体

筆順

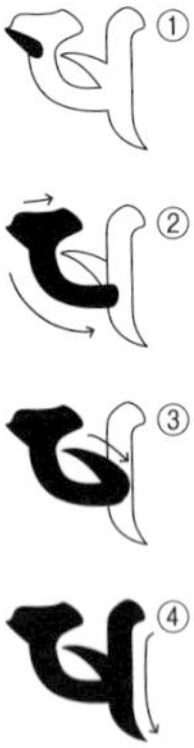

204
【ṣaṃ・衫・サン（セン・シャン）】

釤・山と音写する例もある。シャ（ṣa）字に空《くう》点《てん》を付けて音節末の鼻音を示した文字。胎蔵曼荼羅地蔵院に列する宝手菩薩の種子とされる。

種子

宝手菩薩

他の書体

205【ṣṭri・瑟底哩・シュチリ】

瑟置哩・瑟置㗚・瑟置唎などと音写する例もある。シャ（ṣa）・タ（ṭa）・ラ（ra）の三字を合成《ごうじょう》し、イ（i）点を付した文字。五大明王の一に数えられ、胎蔵曼荼羅では持明院《じみょういん》に列する大威徳明王の種子の一つ。大威徳明王は、阿弥陀如来、文殊菩薩の化身とされ、それぞれの種子（阿弥陀如来はキリク・文殊菩薩はマン）と同じ種子が用いられる場合がある。

種子
大威徳明王

他の書体

206【sa・沙・サ】

字義◆諦《たい》

体文《たいもん》三十二番目の文字で遍口声《へんくしょう》七番目の文字。『悉曇三密鈔』には他の漢字音写の例として、薩・縒・三・參・散・摻・颯を挙げる。字義はサンスクリット語で「真実」「真諦《しんたい》」を意味する「satya」に由来する「諦」。この文字は胎蔵界を三つに分けた胎蔵三部（仏部・蓮華部・金剛部）のうち、観自在菩薩を部主とする蓮華部の種子とされることから、蓮華部に所属する多くの尊の種子として用いられる。

種子

観自在《かんじざい》菩薩・金剛《こんごう》鋭（説）菩薩・金剛王《こんごうおう》菩薩・金剛《こんごう》針《しん》菩薩・金剛蔵菩薩・釈迦如来・寂留明《じゃくるみょう》菩薩・十一面観音・聖《しょう》観自在菩薩・青頸《しょうきょう》観音・常酔天・水吉祥《すいきちじょう》菩薩・千手観音・卒覩波大吉祥《そとばだいきちじょう》菩薩・大吉祥大明《だいきちじょうだいみょう》菩薩・大吉祥変《だいきちじょうへん》菩薩・大吉祥《だいきちじょう》明《みょう》菩薩・大明白身《だいみょうびゃくしん》菩薩・白衣《びゃくえ》観音（白処《びゃくしょ》菩薩）・白身《びゃくしん》観自在・不空羂索《けんじゃく》観音・不空成就如来・不《ふ》空鉤《くうこう》観音・豊財《ぶざい》菩薩・忿怒鉤《ふんぬこう》観音・弁才天・葉衣《ようえ》観音

他の書体

筆順

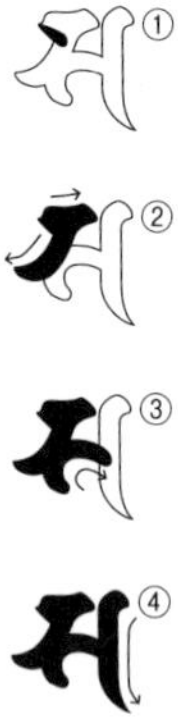

207【saṃ・三・サン】

『悉曇三密鈔』には、參・糝・散・僧などの音写が挙げられている。サ（sa）字に空点《くうてん》を加えた文字。阿弥陀如来は多くの場合キリク（hrīḥ）を種子とするが、この文字が用いられる場合がある。願波羅蜜菩薩は十波羅蜜《じっぱらみつ》菩薩の一尊で胎蔵曼荼羅虚空蔵院に描かれる。

種子

阿弥陀（無量寿・無量光）如来・願波羅蜜菩薩・五浄居天《ごじょうこてん》・大勢至《だいせいし》菩薩・宝処菩薩

他の書体

208【saḥ・索・サク】

サ（sa）字に涅槃点を加えた文字。十三仏のうち一周忌に配当され、また午年の守り本尊とされる大勢至《だいせいし》（勢至）菩薩の種子として用いられる。金剛喜《こんごうき》菩薩は金剛界三十七尊中の十六大菩薩の一尊。金剛智三蔵は、インド出身とされる中国唐代の訳経僧。密教の根本経典の一つである『金剛頂経』を漢訳したことで知られ、真言宗付法の第五祖、伝持の第三祖に位置付けられている。

種子

金剛喜《こんごうき》菩薩・金剛智《こんごうち》三蔵・大勢至菩薩・難降伏結護者

他の書体

209【si・悉・シ】

サ（sa）字にイ（i）点を付した文字。質・枲・斯なども音写される。見出しの漢字音写は梵字を表す語、「悉曇」の「悉」である。「悉曇」はサンスクリット語で「成就」「吉祥」を意味する「siddhaṃ」の漢字音写。梵語についての学問や梵字そのものを「悉曇」と呼ぶようになったのは、インドにおいて梵字の字母表の初めに学習の成就を願って、この語を書く習慣があったことに由来するという。

種子

最勝仏頂・師子宮・成就持明仙

他の書体

210
【siṃ・罧・シン】

サ（sa）字にイ（i）点を付し、さらに空点《くうてん》を加えた文字。「心」と音写する例も見られる。星宿神である十二宮《じゅうにくう》の一つ、師子宮《ししぐう》の種子。サンスクリット語で師子（獅子）・ライオンを「siṃha」ということに由来する。

種子
師子宮《ししぐう》

他の書体

211

【SU・蘇・ス】

『悉曇三密鈔』には他の漢字音写の例として、素・酥・祖・修・須・窣などが挙げられる。サ（sa）字にウ（u）点を付けた文字。ウ（u）点は鶯点《うぐいすてん》・雲形点《くもがたてん》のどちらを用いた文字も資料に見られる。種子として書かれる場合は鶯点《うぐいすてん》を用いる場合が多いようである。

種子

愛金剛菩薩・月曜《がつよう》・金剛鋭《こんごう》（説）菩薩・金剛《こんごう》針《しん》菩薩・蘇婆胡《そばこ》菩薩・孫婆《そんば》菩薩・懌悦持《ちゃくえつじ》金剛菩薩・日曜・弁才天・妙見菩薩

他の書体

異体字

212

【ska・索迦・サカ（ソキャ・アサカ・アソキャ）】

サ（sa）とキャ（ka）の合成《ごうじょう》字。悉曇十八章の第十七章で建立する。悉曇十八章では「アサカ」「アソキャ」とカナ表記する。他の音写としては、塞迦・薩迦・薩羯・阿索迦などが挙げられる。この文字を種子とする倶摩羅天《くまらてん》は通常「ク（ku）」を種子とするが、大自在天の子の軍神「スカンダ（skanda）」と同体とされるため、その梵名の頭文字であるこの文字が種子とされることがある。「スカンダ（skanda）」は仏教では韋駄天《いだてん》と呼ばれる。

種子

倶摩羅天《くまらてん》

他の書体

213【stryi・悉底哩野・シッチリヤ】

悉怛哩野・悉怛利野・悉底哩也などとも音写される。サ（sa）・タ（ta）・ラ（ra）・ヤ（ya）の四字を合成《ごうじょう》し、イ（i）点を付けた文字。宝篋印《ほうきょういん》塔に刻まれた例がある。「宝篋印陀羅尼」冒頭の帰敬句「ノウマク シッチリヤヂビキャナン（namaḥ (s) tryadhvikānām）・・・」の「シッチリヤ」から取られたもの。本来「strya」であったものが、「stryi」に変化したものと考えられる。「シッチリヤ」という読み方によるものだとすれば、「striya」と表記すべきものかもしれない。金剛《こんごう》輪持菩薩・大輪金剛《こんごう》菩薩（大輪明王）の種子についても、その真言「大金剛輪陀羅尼」の冒頭部による。

種子

金剛《こんごう》輪持菩薩・大輪金剛《こんごう》菩薩（大輪明王）・宝《ほう》篋印陀羅尼《きょういんだらに》

他の書体

214

【stvaṃ・薩怛鑁・サトバン】

薩坦鑁・薩多鑁・薩怛梵などの音写も見られる。サ（sa）・タ（ta）・バ（va）三字を合成《ごうじょう》し、空《くう》点《てん》を加えた文字。五秘密は金剛薩埵《さった》と欲金剛・触金剛・愛金剛・慢金剛の総称。『密教大辞典　縮刷版』（法藏館）によると、金剛薩埵《こんごうさった》の種子はその梵号「ヴァジュラサットバ（vajra sattva）」の略と大日如来の種子「バン（vaṃ）」を合わせたものであるという。

種子

五秘密・金剛薩埵《こんごうさった》・冬金剛《こんごう》

他の書体

215 【sva・娑嚩・サバ（ソワ）】

娑縛・薩嚩と音写する例もある。サ（sa）字とバ（va）字の合成《ごうじょう》字。悉曇十八章では第五章で建立する。この文字を種子とする亢宿《こうしゅく》は星宿神である二十八宿の一尊。また金剛界三十七尊中の十六大菩薩に数えられる金剛王《こんごうおう》菩薩の三昧耶会《さんまやえ》における種子。

種子

亢宿《こうしゅく》・金剛王《こんごうおう》菩薩

他の書体

216【ha・賀・カ】

字義◆因業《いんごう》

訶・呵・歌なども音写される。体文《たいもん》三十三番目の文字で遍口声《へんくしょう》八番目の文字。字義は「因業」で原語は「原因」などを意味するサンスクリット語「hetu」。またこの文字に「笑」の意味があるとされ、それはサンスクリット語の「Has（笑う）」に基づくものであるという。十三仏のうち五七日に配当される地蔵菩薩の種子とされ、地蔵菩薩が子供たちを守護する菩薩との信仰から、子供の位牌に種子が書かれることがある。五大のうち風大の種子として塔婆に書かれるなど、比較的目にすることが多い文字といえる。

種子

訶利帝母（鬼子母神）・金剛明王・地蔵菩薩・軫宿《しんしゅく》・善無畏三蔵・風大

他の書体

筆順

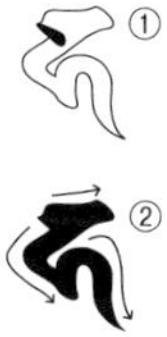

217

【haṃ・唅・カン】

『悉曇三密鈔』には、頷・憾・悍などの音写が挙げられる。カ（ha）字に空点《くうてん》を付けた文字。この文字を種子とする金剛《こんごう》護菩薩は、金剛界三十七尊中の十六大菩薩の一尊。馬頭観音は忿怒相の尊で、六観音の一尊に数えられると同時に、馬頭明王として八大明王にも名を列ねる。江戸期以降、馬の守護尊として信仰され、さらには馬以外の動物を守護する観音ともされている。

種子

虚空無垢《ごくうむく》菩薩・金剛護菩薩・婆藪仙妃《ばそせんひ》・馬頭観音・荼吉尼天《だきにてん》・無垢逝《むくぜい》菩薩・宝印手菩薩

他の書体

218
【haḥ・郝・カク】

カ（ha）字に涅槃点を付した文字。鶴と音写する資料もある。この文字を種子とする金剛《こんごう》笑菩薩は金剛界三十七尊の十六大菩薩に数えられる尊。『密教大辞典　縮刷版』（法蔵館）によれば、笑声をそのまま種子としたものとされ、カク（haḥ）を笑い声の擬声語としている。

種子
金剛《こんごう》笑菩薩・大威徳明王・如来笑菩薩

他の書体

219

【hā・賀引・カー】

カ（ha）字にアー（ā）点を付けて、母音ア（a）を長音としたもの。この文字を種子とする降三世明王と勝三世明王は共に胎蔵曼荼羅持明院の尊。二尊を別に描くが、『密教大辞典　縮刷版』（法藏館）はこれらを同体とする。異なる経軌によって描いたため姿が異なるという。胎蔵曼荼羅釈迦院の尊、如来笑菩薩がこの文字を種子とするのは、梵名「タターガタハーサ（tathāgata-hāsa）」に由来する。金剛界の金剛《こんごう》笑菩薩の種子「カク（haḥ）」を用いることもある。

種子

降三世明王・勝三世明王・触金剛《そくこんごう》菩薩・如来笑菩薩

他の書体

220【hāṃ・唅・カン（カーン）】

カ（ha）字にアー（ā）点を付し、空点《くうてん》を加えた文字。憾・含・悍などの音写も見られる。十三仏の一尊、初七日に配当される不動明王の種子。不動明王は大日如来の化身とされることから、密教の修法の本尊として礼拝されることが多い。また現世利益《げんぜりやく》の尊として広く民間に信仰され、不動明王を本尊とする護摩法を行っている寺院も少なくない。酉年の守り本尊でもある。弘法大師空海の種子は「ユ（yu）」がよく知られているが、古くはこの文字が用いられていたようである。大日如来の化身である不動明王との同一視であろうか。

種子
弘法大師・天鼓雷音《てんくらいおん》如来・不動明王

他の書体

221【hāṃ + māṃ (hmmāṃ)・唅鋡・カンマン】

憾満・憾鋡・唅漫などの音写も見られる。不動明王の種子。不動明王の真言の一つである慈《じ》救《くの》呪《しゅ》、あるいは火《か》界《かい》呪《じゅ》における最後の二文字、「カン (hāṃ)」・「マン (māṃ)」を合成《ごうじょう》した文字。「hmmāṃ」と表記することもできるが、真言中の「カン (hāṃ)」・「マン (māṃ)」二字合成《ごうじょう》の文字なので「hāṃ + māṃ」とした。刷毛で書く場合、合成《ごうじょう》の方法と筆順が若干異なる。

種子

不動明王

他の書体

222
【hāḥ・郝・カク（カーク）】

カ（ha）字にアー（ā）点を付し、涅槃点を加えた文字。胎蔵曼荼羅持明院の尊、勝三世明王の種子とされる。勝三世明王と同体との説がある降三世明王の種子ともされるが、降三世明王の種子は「ウン（huṃ）」あるいは「ウン（ウーン・hūṃ）」が用いられる場合がほとんどであろう。

種子

勝三世明王・降三世明王

他の書体

223

【hi・呬・キ】

カ（ha）字にイ（i）点を付けた文字。星宿神である二十八宿の一つ、畢宿《ひつしゅく》の種子として用いられることがある。畢宿の梵名は「ローヒニー（rohiṇī）」といい、頭文字は「ro」であるが、「ro」は天部の通種字であるため二番目の文字であるこの文字が種子とされた。

種子
畢宿《ひつしゅく》

他の書体

224

【huṃ・吽・ウン】

カ（ha）字にウ（u）点を付け、空点《くうてん》を加えた文字。ウ（u）点は鶯点《うぐいすてん》・雲形点《くもがたてん》のどちらの例も見られるが、種子として書かれる場合は鶯点を用いた文字が多いようである。降三世明王の種子はいくつかあるが、少なくとも胎蔵曼荼羅持明院に書かれる場合はこの文字を用いるようである。この文字を種子とする恵果和尚は空海に密教を伝えた中国唐代の僧で、真言宗付法・伝持共に第七祖に位置付けられる。

種子

訶利帝母（鬼子母神）・恵果和尚・降三世明王

他の書体

異体字

225
【hūṃ・吽・ウン（ウーン）】

カ（ha）字にウー（ū）点を付け、空点《くうてん》を加えた文字。ウー（ū）点は鶯点《うぐいすてん》・雲形点《くもがたてん》のどちらの例も見られるが、異体字①に示した形をとる場合が最も多いようである。インドで古くから用いられた聖語で、密教では菩提心の種子とする重要な文字。胎蔵曼荼羅金剛手院や明王部の諸尊をはじめ、多くの尊がこの文字を種子とする。弘法大師空海は『吽字義』一巻を著し、この文字について字相・字義の二面から詳細に分析し解説すると共に、その重要性を説いている。

種子

愛染《あいぜん》明王・阿閦《あしゅく》如来・烏枢沙摩《うすさま》明王・迦楼《かる》羅《ら》・軍荼利《ぐんだり》明王・降三世明王・虚空無垢《むく》持金剛菩薩・虚空無辺超越《ちょうおつ》菩薩・五秘密・金剛鋭（説）菩薩・金剛軍荼利《ぐんだり》菩薩・金剛牙《げ》菩薩・金剛拳菩薩・金剛鉤女《こうにょ》菩薩・金剛鏁《さ》菩薩・金剛索菩薩・金剛薩埵《さった》・金剛持菩薩・金剛手持金剛菩薩・金剛将菩薩・金剛針《しん》菩薩・金剛童子・金剛蔵王菩薩・金剛波羅蜜菩薩・金剛明王・金剛夜叉明王・金剛牢《ろう》持《じ》金剛菩薩・持金剛鋒《ふ》菩薩・持金剛利菩薩・持妙金剛菩薩・穰麌梨童女《じょうぐりどうじょ》・禅那波羅蜜菩薩・触《そく》金剛菩薩・蘇婆胡《そばこ》菩薩・大威徳明王・大勝金剛・大輪金剛菩薩（大輪明王）・懌悦《ちゃくえつ》持金剛菩薩・如来毫相《ごうそう》菩薩・馬頭観音・不空羂索《けんじゃく》観音・不空金剛菩薩・普賢延命《ふげんえんめい》菩薩（大安楽真実菩薩）・普賢《ふげん》

菩薩・不動明王・忿怒《ふんぬ》持金剛菩薩・忿怒《ふんぬ》月黶《がってん》菩薩・菩提心・曼荼羅菩薩・無能勝明王・無辺声《むへんしょう》仏頂・薬師如来・葉衣《ようえ》観音・離戯論《りけろん》菩薩

他の書体

異体字

①②③

226

【hr̥・紇里・キリ（カリ）】

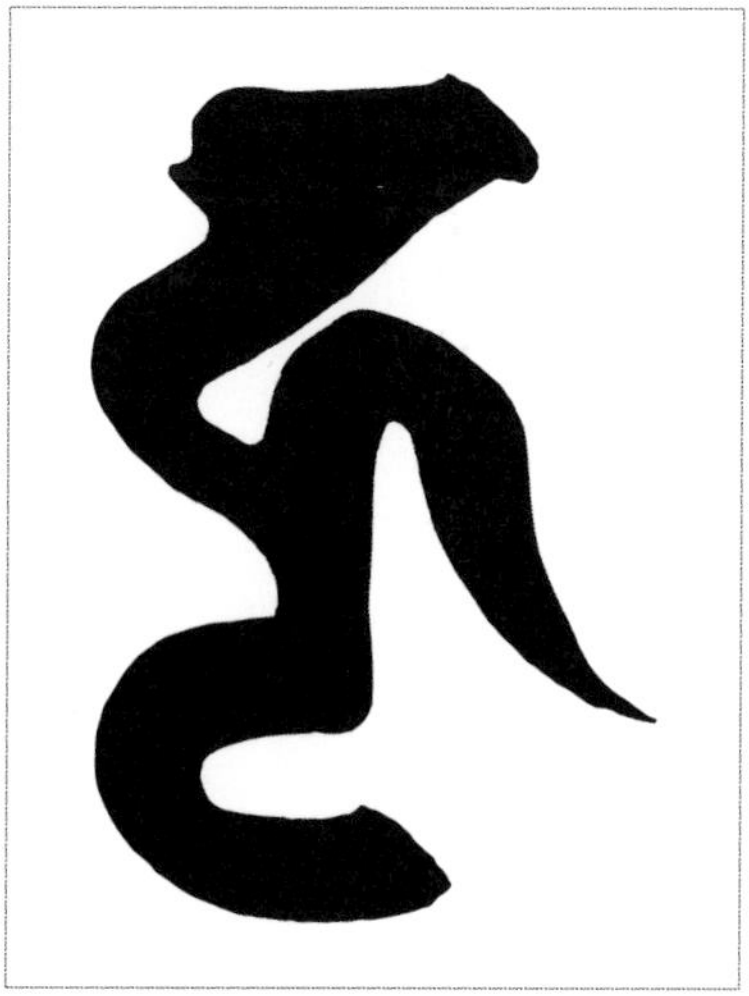

訖哩・吉里・訶利・訶里・訶栗・曷哩など様々な音写が見られる。カ（ha）字に別摩多《べつのまた》（特殊母音）リ（r̥）の摩多点画《またてんかく》を付した文字。鬼子母神として知られる訶利帝母《かりていも》の種子。種子は訶利帝母の梵名、「ハーリーチー（hārītī）」に由来する。

種子

訶利帝母《かりていも》（鬼子母神）

他の書体

227【he・醯・ケイ（ケ）】

『悉曇三密鈔』には、係・繋・奚などの音写も見られる。カ（ha）字にエイ（e）点を付けた文字。胎蔵曼荼羅釈迦院には釈迦の十大弟子のうち七人が描かれ、すべてこの文字を種子とするが、サンスクリット語で「因」を意味する「hetu」、あるいは「因縁（hetu-pratyaya）」に由来すると考えられる。

種子

阿難《あなん》・優鉢離《うばり》・迦葉波《かしょうは》・迦旃延《かせんねん》・拘絺羅《くちら》・金剛使者・舎利弗《しゃりほつ》・須菩提《しゅぼだい》・相向《そうごう》守護・大目犍連《だいもっけんれん》・大力金剛・智拘絺羅《ちくちら》菩薩・不可越《ふかおつ》守護

他の書体

228【ho・護・コウ（コ）】

カ（ha）字にオー（o）点を付けた文字。呼・虎などの音写も見られる。「護」は通常「ご」と発音するが、資料にはこの漢字を用いて音写する例がほとんどである。「護摩」の原語は「homa」であるが、やはり「ho」に「護」の字があてられている。阿弥陀（無量寿・無量光）如来の種子はキリク（hrīḥ）がよく知られているが、この文字とする経軌もある。

種子

阿弥陀（無量寿・無量光）如来

他の書体

229

【hoṃ ＋ kla(hkloṃ)・矜迦羅・コンカラ】

矜羯羅《こんがら》童子。カ（ha）・キャ（ka）・ラ（la）三字合成《ごうじょう》の文字にオー（o）点を付し、空点《くうてん》を加えた文字。「hkloṃ」ととらえることもできるが、「コンカラ」という発音上、カ（ha）字に空点を付けたコン（hoṃ）とキャ（ka ）・ラ（la）の合成字、カラ（kla）を一文字にしたものとして「hoṃ ＋ kla」と表記した。矜羯羅《こんがら》童子の種子は「koṃ ＋ gla」もある。

種子
矜羯羅《こんがら》童子

他の書体

230【hoḥ・斛・コク】

カ（ha）字にオー（o）点を付し、涅槃点を加えた文字。この文字を種子とする金剛《こんごう》鈴《れい》菩薩は四摂菩薩の一尊。四摂菩薩とは金剛《こんごう》鉤《こう》・金剛《こんごう》索《さく》・金剛《こんごう》鏁《さ》・金剛《こんごう》鈴《れい》の四菩薩で、金剛界曼荼羅の東西南北の四門に位置し、それぞれ衆生を引き寄せ（鉤）、導き（索）、確保し（鏁）、歓喜させる（鈴）役割を担う。コク（hoḥ）の文字には「歓喜」の意味があるとされ、金剛鈴《れい》菩薩の種子とされる。また「歓喜」の義は「敬愛」に相応され、愛染明王の種子とされることがある。愛染明王と金剛愛菩薩は同体であるという。

種子

愛染明王・金剛《こんごう》愛菩薩・金剛《こんごう》嬉菩薩・金剛《こんごう》鈴《れい》菩薩・慢金剛菩薩

他の書体

231

【hra・訶羅・カラ】

ほかに、訶囉・賀囉・呵囉などの音写がみられる。カ（ha）字とラ（ra）字の合成《ごうじょう》字。悉曇十八章では第三章で建立する。星宿神である二十八宿の一つ、畢宿《ひつしゅく》の種子とされるが、その由来は明らかではない。

種子
畢宿《ひつしゅく》

他の書体

232【hrīṃ・紇林・キリン】

紇陵・訶啉・訶林・訖燐・紇哩吽などと音写する例もある。カ（ha）字とラ（ra）字の合成《ごうじょう》字、カラ（hra）にイー（ī）点を付し、さらに空点《くうてん》を加えた文字。除障《じょしょう》（摧砕《ざいさい》）仏頂、忿怒《ふんぬ》月黶《がってん》菩薩の種子。五仏頂の一尊、除障《じょしょう》（摧砕《ざいさい》）仏頂の種子は通常「コロン（hrūṃ）」だが、「訶啉」の音写がこの文字と共通することから、種子をこの文字とする説がある。忿怒月黶菩薩は胎蔵曼荼羅金剛手院の尊。

種子
除障《じょしょう》（摧砕《ざいさい》）仏頂・忿怒《ふんぬ》月黶《がってん》菩薩

他の書体

【hrīḥ・紇哩・キリク】

資料により、紇唎・訖哩・訖唎・頡利などの音写も見られる。カ（ha）・ラ（ra）二字合成《ごうじょう》の文字、カラ（hra）にイー（ī）点を付し、さらに涅槃点を加えた文字。阿弥陀如来の種子としてよく知られている。阿弥陀如来は戌・亥年の守り本尊。弘法大師空海は著書『法華経開題』において、この文字を「賀（ha）」「羅（ra）」「伊（i）」「悪（aḥ）」の四字によって成る文字とした上で、それぞれの文字の字義から解釈し、その効能を説いている。多くの観自在菩薩の種子としても用いられる。その内の千手観音は子年の守り本尊とされている。

種子

愛染《あいぜん》明王・阿弥陀（無量寿・無量光）如来・降三世明王・十一面観音・聖《しょう》観自在菩薩・青頸《しょうきょう》観音・千手観音・大威徳明王・大勝金剛・金剛法菩薩・如意輪観音・忿怒《ふんぬ》月黶《がってん》菩薩・法波羅蜜菩薩

他の書体

234【hrī ＋ haḥ・頡履訶・キリカク】

種子　茶吉尼天

他の書体

茶吉尼天の種子。頡唎訶と音写する例もあった。頡履訶は宥山の『梵書朴筆手鑑』によるもの。茶吉尼天の真言「ノウマク　サマンダ　ボダナン　キリ　カク　ソワカ（namaḥ samanta buddhānāṃ hrī haḥ svāhā）」の「キリ　カク（hrī haḥ）」の二文字を一文字に合成《ごうじょう》した文字。茶吉尼天は大黒天眷属の夜叉で、日本では狐と関連付けられ稲荷神と習合した。

235【hrūṃ・訶啉・コロン】

元海の『厚造紙』では「忽嚕給」と音写されている。カ（ha）字とラ（ra）字の合成字《ごうじょう》、カラ（hra）にウー（ū）点を付し、さらに空点《くうてん》を加えた文字。合成字で、最下部に合成された文字がラ（ra）字の場合、ウ（u）点とウー（ū）点は鶯点《うぐいすてん》でも雲形点《くもがたてん》でもなく、ラ（ra）字の半体下部の縦画に点を打つ形になる。除障《じょしょう》（摧砕《ざいさい》）仏頂の種子。

種子
除障《じょしょう》（摧砕《ざいさい》）仏頂

他の書体

236

【hhūṃ・吽・ウン（ウーン）】

カ（ha）字を二つ合成《ごうじょう》してウー（ū）点を付し、空点《くうてん》を加えた文字。同体重字（同文字二つの合成字）であることから「重の吽字」という。ウー（ū）点は鶯点《うぐいすてん》・雲形点《くもがたてん》のどちらも選択できるが、鶯点を用いた文字は資料で確認できなかった。異体字に示した形は比較的多くの資料に見られる。愛染《あいぜん》明王・五秘密の種子。

種子

愛染《あいぜん》明王・五秘密

他の書体

あとがき

私が梵字悉曇と出会ったのは、私が所属する宗派の総本山で毎年開設される、主に大学生を対象にした僧侶養成機関での悉曇の授業でした。その時に悉曇の指導を担当しておられたのが私の恩師、児玉義隆先生でした。平成二年の頃です。先生のご指導は丁寧でとてもわかりやすく、時間は限られていたものの、楽しい授業だったことをいまでも憶えています。児玉先生から本格的に悉曇のご指導をしていただくことになったのはその六年後、平成八年のことだったと記憶しています。その頃の私は訳あって大学を中退し、決意を新たに中断していた僧侶になるための研修と修行を再開したところでした。そんな中、師僧の勧めで梵字悉曇を学ぶこととなり、師僧の依頼を快諾してくださった児玉先生の教えを受けることとなったのです。それから平成二十五年までの十七年間、先生にお世話になりました。

先生の梵字の基本は、先生の師である坂井栄信和尚から相承された、慈雲尊者の流れを汲む智満和尚の系統の梵字です。繊細でありながら時にはダイナミックに、児玉先生の自在なその妙技によって書かれる梵字の美しさは比類ないものです。また、先生は坂井先生がそうであったように澄禅師の毛筆書体と朴筆書体にも通じておられ、私は本当に幸運なことにこの三つの書体を先生のもとで学ぶことができました。先生は悉曇研究と執筆活動にも力を注がれ、数々の名著を世に出しておられます。本書は私にとって初めての単著ですが、その執筆にあたっては児玉先生が書かれた書籍に頼るところが多く、先生の偉大さを感じるばかりでした。

私にはもう一人、大切な梵字の師がいます。松本俊彰先生です。松本先生は、慈雲尊者が悉曇の道場とした河内高貴寺に伝わる梵字悉曇を皆伝された、いわば慈雲尊者直系の継承者です。児玉先生の勧めもあり、私は平成二十年から開筵された松本先生の悉曇講習会を受講させていただくことになりました。松本先生は慈雲尊者の伝承に忠実で、味わいのある筆致はまさにその道を極めた方のものといえます。また絶え間なく悉曇研究にいそしまれ、その知識と技術で後進を育成しようというお姿に、多くを学ばせていただいています。さらに松本先生の下では、悉曇の道を志す多くの良き先輩・友人との出会いがありました。

梵字悉曇は書物によってのみ学ぶものではなく、古来面授をもって相承されてきました。口伝も多く、正しい伝承のためには必要なことです。なによりも、梵字悉曇の表面的な部分だけではなく、信仰や密教の教義に基づいた奥深い部分を理解するためにも、師資相承によって伝えられるべきものだと思います。

本書は書物ですので限界がありますが、初心の方々にとっては梵字の正しい知識を持っていただき、そして奥深い梵字悉曇の世界の一端を垣間見ていただけるものにすることを心がけました。また、梵字悉曇を学んでいる方々にも手に取っていただけるよう、第二部にはなるべく多くの種子を集めるよう努めました。今回は一年に満たない限られた時間の中での資料の調査・執筆となり、また私自身の技術も知識もまだまだ不足しているため、期待にこたえられるものとは言い難い部分もあると思います。ご批判をいただきながら、今後も真摯に研鑽を積んでいく所存です。

素晴らしい二人の師、そして受けた教えは私にとってかけがいのないものです。また悉曇を通じて出会った多くの朋友は、生涯大切な存在であり続けると確信しています。本書はそのようなすべての方々に支えられ、書くことができたものと、感謝の念に堪えません。この場をお借りして篤く御礼申し上げます。

また本書の出版にあたりましては、青史出版社の渡辺清社長、東京堂出版の堀川隆氏、章友社の永原秀信氏には大変お世話になりました。心より感謝申し上げます。

平成二十九年十二月一日

小峰智行

参考文献

（1）書籍・辞典等

鎌田茂雄・河村孝照・中尾良信・福田亮成・吉元信行『大蔵経全解説大事典』雄山閣出版

児玉義隆『梵字必携』朱鷺書房

児玉義隆『梵字でみる密教～その教え・意味・書き方～』大法輪閣

児玉義隆『梵字の書法～真言密教・ほとけの文字～』大法輪閣

佐和隆研編『密教辞典』法蔵館

静慈圓『梵字悉曇』朱鷺書房

種智院大学密教学会『新梵字大鑑』法蔵館

染川英輔・小峰彌彦・小山典勇・高橋尚夫・廣澤隆之『曼荼羅図典』大法輪閣

松本俊彰『慈雲流　梵字入門』高野山出版社

密教辞典編纂会『密教大辞典　縮刷版』法蔵館

（2）経典・儀軌等

安然撰『観中院撰定事業潅頂具足支分』（大正蔵七五）

安然記『金剛界大法対受記』（大正蔵七五）

安然記『悉曇十二例』（大正蔵八四）

安然撰『悉曇蔵』（大正蔵八四）

安然記『胎蔵界大法対受記』（大正蔵七五）

安然撰『大日経供養持誦不同』（大正蔵七五）

一行記『大毘盧遮那成仏経疏』（大正蔵三九）

一行撰『藥師瑠璃光如来消災除難念誦儀軌』（大正蔵一九）

恵什撰『勝語集』（大正蔵七八）

栄然記『師口』（大正蔵七八）

覚超撰『金剛三密抄』（大正蔵七五）

覚成記・守覚親王輯『沢鈔』（大正蔵七八）

寛助撰『別行』（大正蔵七八）

寛信撰『伝受集』（大正蔵七八）

義浄撰『梵語千字文』（大正蔵五四）

空海撰『梵字悉曇字母並釈義』（大正蔵八四）

空海撰『梵網経開題』（大正蔵六二）

元海記『厚造紙』（大正蔵七八）

玄昭撰『悉曇略記』（大正蔵八四）

興然撰『四巻』（大正蔵七八）

高辨撰『不空羂策毘盧舎那仏大潅頂光明真言句義釈』（大正蔵六一）

杲宝撰『大日経疏演奥鈔』（大正蔵五九）

金剛智訳『金剛峯楼閣一切瑜伽瑜祇経』（大正蔵一八）

実運撰『玄秘抄』（大正蔵七八）

実運撰『諸尊要抄』（大正蔵七八）

実慧記『桧尾口訣』（大正蔵七八）

淳祐撰『要尊道場観』（大正蔵七八）
淳祐撰『石山七集』（大正図像一）
成賢撰『薄双紙』（大正蔵七八）
浄厳撰『悉曇三密鈔』（大正蔵八四）
静然記『行林抄』（大正蔵七六）
尸羅跋陀羅訳『大聖妙吉祥菩薩説除災教令法輪』（大正蔵一九）
心覚撰『多羅葉記』（大正蔵八四）
真寂撰『大悲胎蔵普通大曼荼羅中諸尊種子標幟形相聖位諸説不同記』（大正図像一）
真寂撰『瑜祇総行私記』（大正蔵六一）
善無畏訳『慈氏菩薩略修愈誐念誦法』（大正蔵二〇）
善無畏訳『蘇悉地羯羅供養法』（大正蔵一八）
善無畏訳『尊勝仏頂脩瑜伽法儀軌』（大正蔵一九）
善無畏・一行訳『大毘盧遮那成仏神変加持経』（大正蔵一八）
澄観撰『大方廣仏華厳経隨疏演義鈔』（大正蔵三六）
澄禅著『悉曇愚鈔』
澄禅著『悉曇初心鈔』
澄禅著『種子集』
仁海撰『小野六帖』（大正蔵七八）
不空訳『一切如来心祕密全身舎利宝篋印陀羅尼経』（大正蔵一九）
不空訳『甘露軍荼利菩薩供養念誦成就儀軌』（大正蔵二一）
不空訳『金剛頂勝初瑜伽経中略出大楽金剛薩埵念誦儀』（大正蔵二〇）
不空訳『大慈大悲救苦観世音自在王菩薩広大円満無礙自在青頸大悲心陀羅尼』（大正蔵二〇）
不空訳『大楽金剛不空真實三昧耶経般若波羅蜜多理趣釈』（大正蔵一九）
不空訳『不空羂索毘盧遮那仏大潅頂光真言』（大正蔵一九）
不空訳『曼殊室利童子菩薩五字瑜伽法』（大正蔵二〇）
法賢訳『仏説大乗観想曼拏羅浄諸悪趣経』（大正蔵一九）
菩提仙訳『大聖妙吉祥菩薩秘密八字陀羅尼修行曼荼羅次第儀軌法』（大正蔵二〇）
明覚撰『悉曇要訣』（大正蔵八四）
宥山著『梵字朴筆手鑑』
禮言集『梵語雑名』（大正蔵五四）
頼瑜撰『秘鈔問答』（大正蔵七九）
了尊撰『悉曇輪略図抄』（大正蔵八四）
失訳『賢劫十六尊』（大正蔵一八）
失訳『十二天供儀軌』（大正蔵二一）

付録　種子曼荼羅と構造図

胎蔵種子曼荼羅

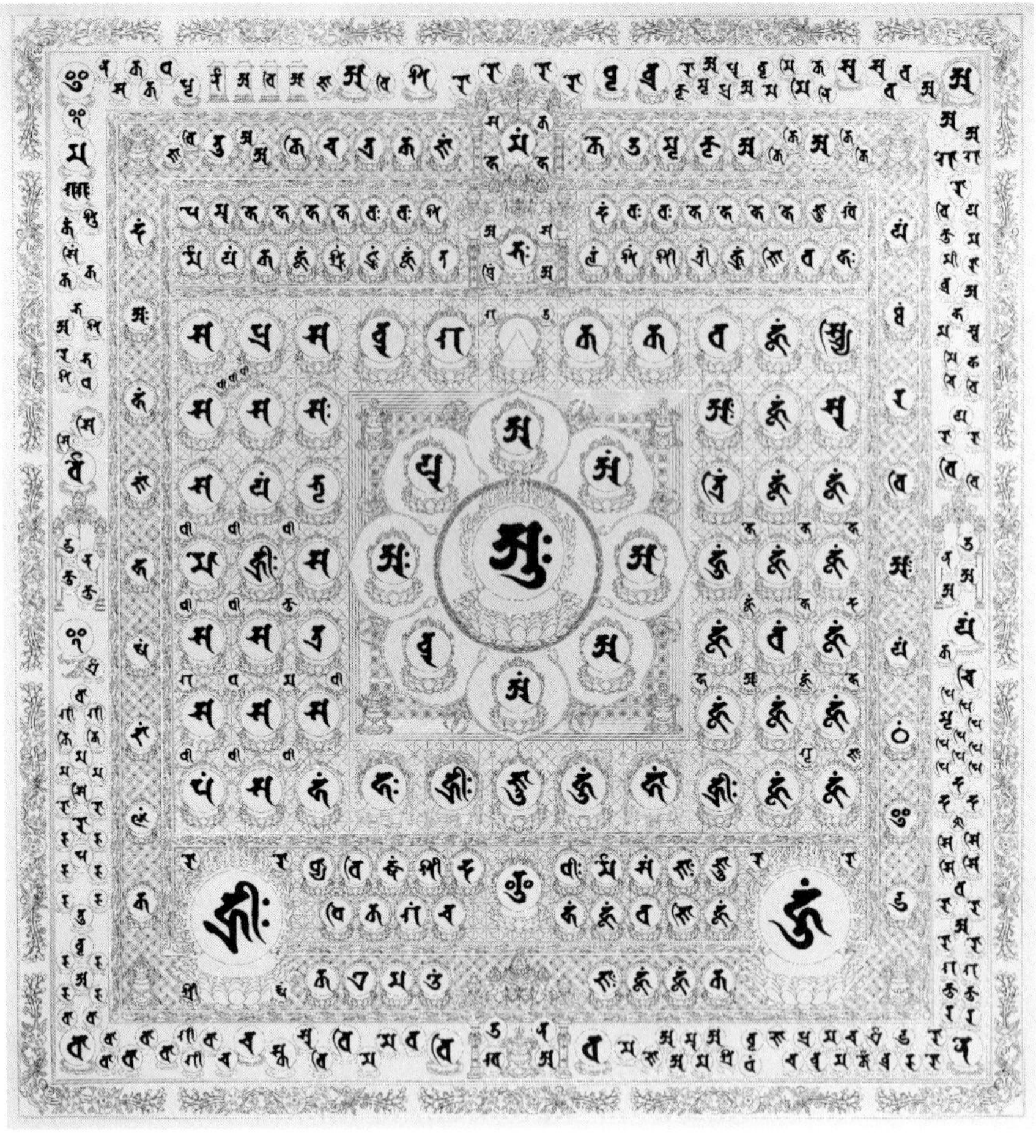

種子：筆者書　　下図：吉田住心作成

胎蔵曼荼羅の基本構造

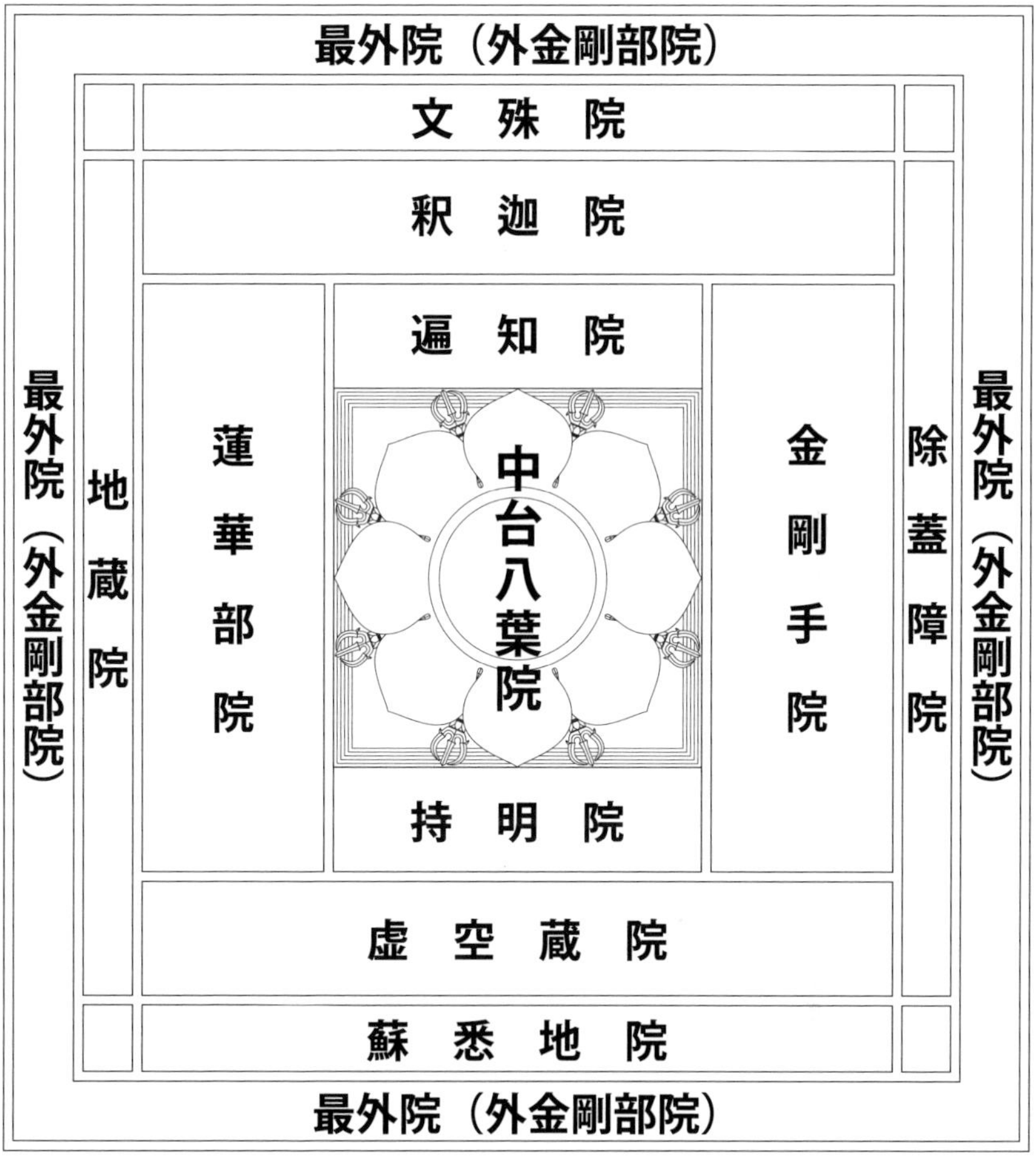
最外院（外金剛部院）
文殊院
釈迦院
遍知院
蓮華部院
中台八葉院
金剛手院
地蔵院
除蓋障院
持明院
虚空蔵院
蘇悉地院
最外院（外金剛部院）
最外院（外金剛部院）
最外院（外金剛部院）

金剛界種子曼荼羅

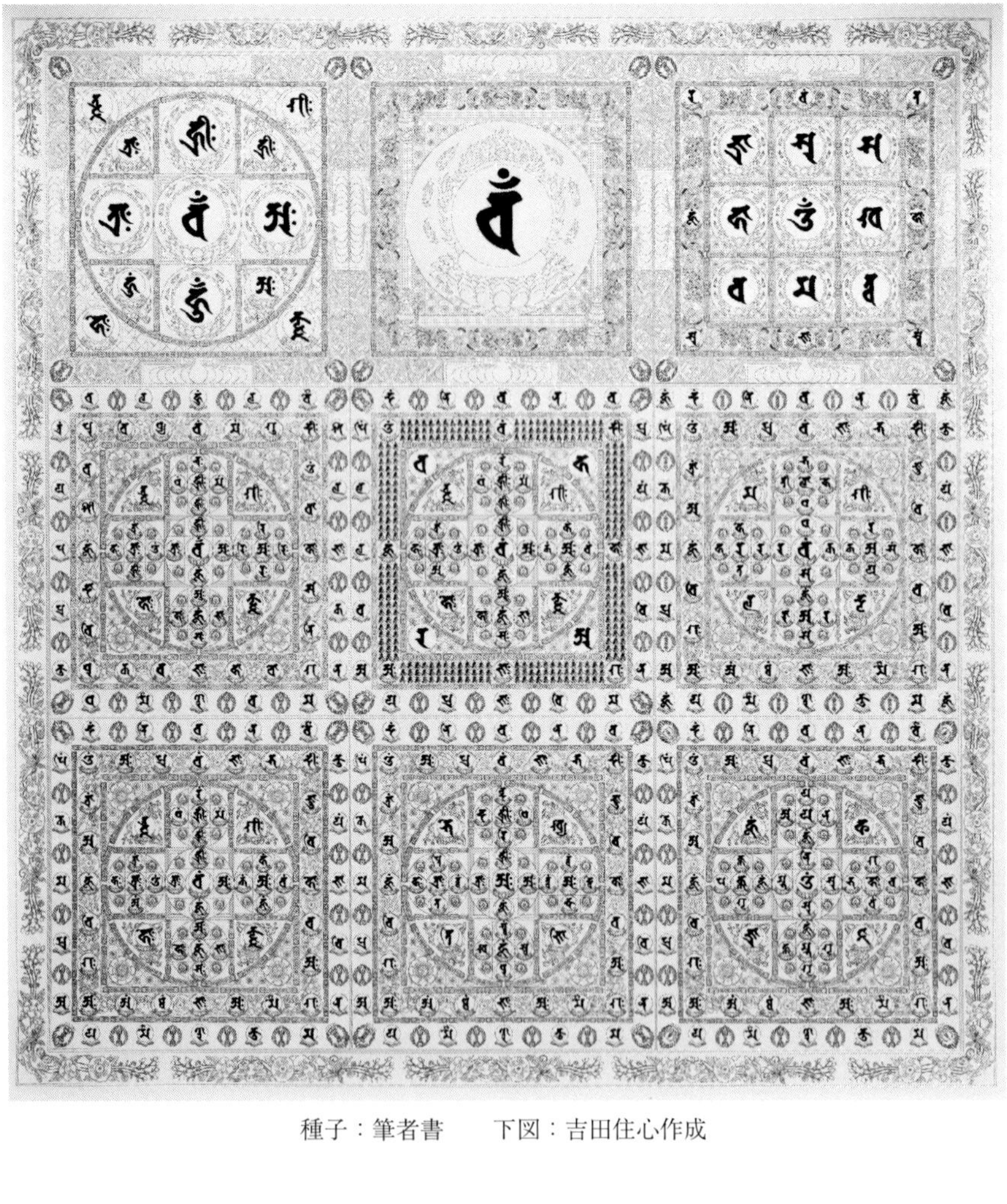

種子：筆者書　　下図：吉田住心作成

金剛界曼荼羅の基本構造

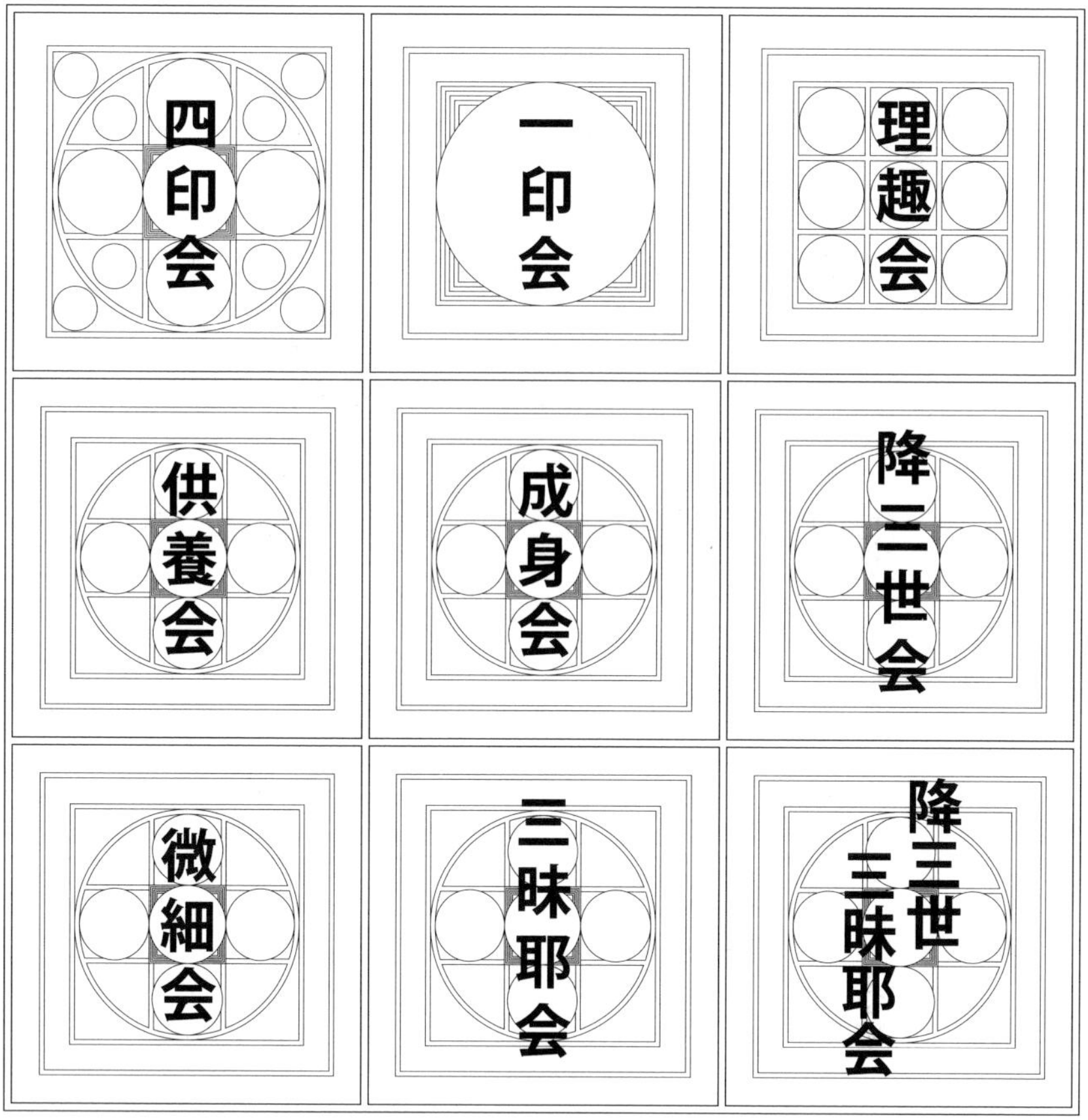

金剛界曼荼羅成身会他の基本構造

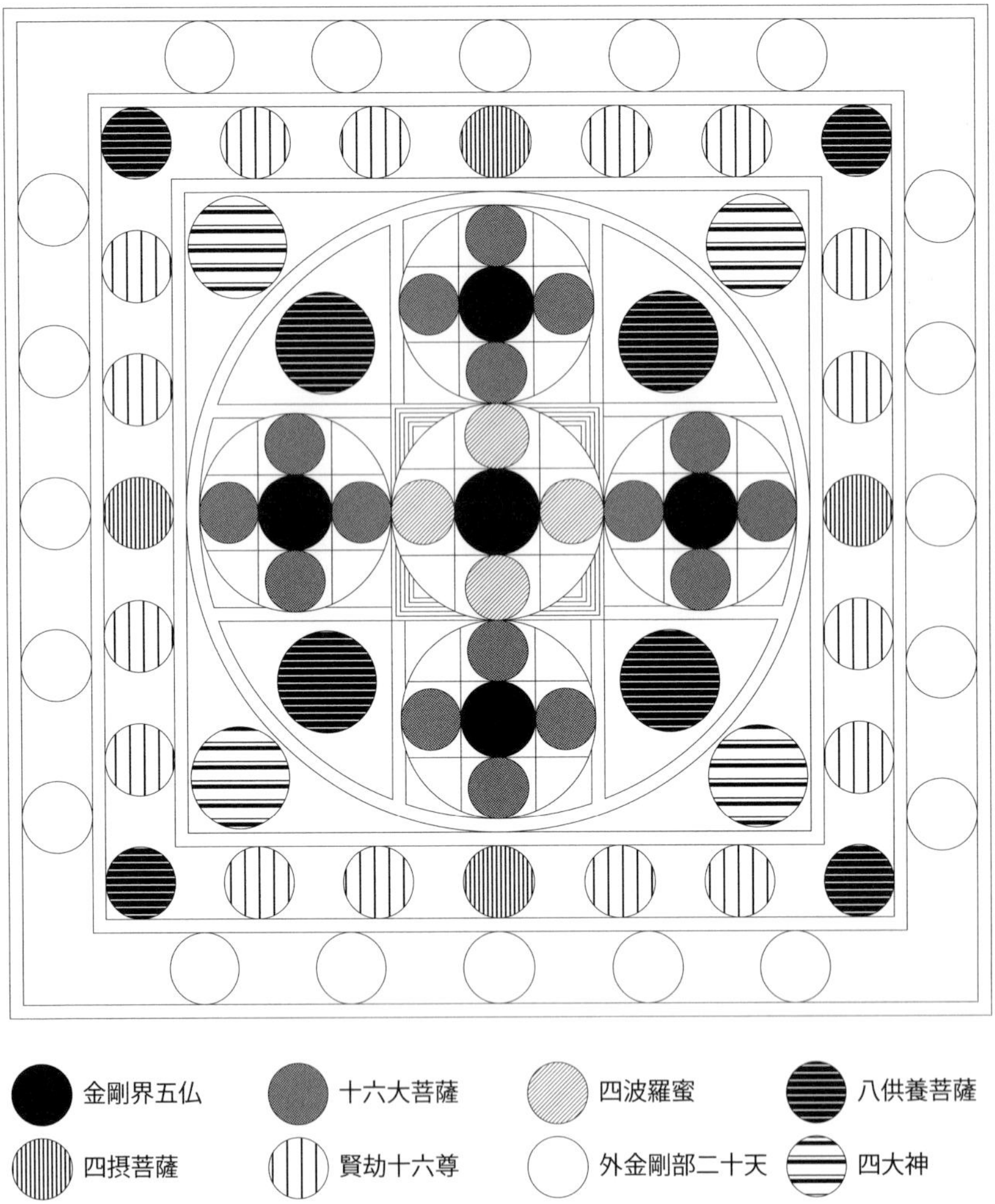

金剛界三十七尊は、五仏・十六大菩薩・四波羅蜜・八供養菩薩・四摂菩薩の三十七尊。
賢劫十六尊は成身会では賢劫千仏として書かれる。

【や～】

【ま 行】

【ち～と】

【な 行】

【は 行】

【す】

【せ】

【そ】

【た】

【さ・し】

尊名索引

「梵字字典」に種子としてあげた尊格名・読み方（日本語）と文字番号を掲げた。

[著者]
小峰智行（こみね　ともゆき）
1971年（昭和46）東京都生まれ。早稲田大学第一文学部中退後、大正大学に進学。2008年、大正大学大学院仏教学研究科博士後期課程仏教学専攻満期退学。現在、大正大学非常勤講師。1996年より児玉義隆師に師事し、梵字悉曇を学ぶ。2008年、松本俊彰師の門をたたき指導を受ける。慈雲山観蔵院（東京都練馬区）住職。著書に『願いを叶える聖なる文字　梵字なぞり書きカード』（2018年・リンケージワークス）、『梵字で写仏』（2019年・里文出版）、『梵字集』（2021年・里文出版）、『梵字般若心経』（2022年・リンケージワークス）。共著書に『空海読み解き事典』（2014年・柏書房）、『般若経大全』（2015年・春秋社）など。

梵字字典

初版発行　2018年１月25日
３版発行　2024年８月20日

著　者　小峰智行

発行者　金田　功

発行所　株式会社 東京堂出版
〒101－0051　東京都千代田区神田神保町１－17
電話 03－3233－3741
https://www.tokyodoshuppan.com/

印刷・製本　中央精版印刷株式会社

装　幀　Good Grief

組　版　Katzen House

ISBN978-4-490-10899-6 C1515